VillA Alfabet

Gloeiende geheimen

Gloeiende geheimen

Peter Vervloed

educatieve

uitgeverij

Maretak

VillA Alfabet is een leesserie voor de betere lezer van groep 3 tot en met groep 8.
VillA Alfabet rood is bestemd voor lezers vanaf groep 7.
Een VillA Alfabetboek biedt de goede lezer een uitdagende lees-ervaring en verdiept deze ervaring door het extra materiaal dat in het boek is opgenomen. Daarnaast is bij elk boek materiaal ont-wikkeld dat in een aparte uitgave is verschenen: 'VillA Verdieping'.

BIBLIOTHEE‹·BREDA
Wijkbibliotheek Teteringen
Scheperij 13
tel 076 - 5979911

STICHTING NEDERLANDSE
KINDERJURY
2004

© 2003 Educatieve uitgeverij Maretak, Postbus 80, 9400 AB Assen

Illustraties: Roelof van der Schans
Tekst blz. 6 en blz. 100-101, 103: Cees Hereijgens en Ed Koekebacker
Vormgeving: Cascade visuele communicatie, Amsterdam
ISBN 90 437 0163 7
NUR 140/283
AVI 8

Inhoud

(Als je 🏠 tegenkomt, ga dan naar bladzij 103.
En als je het boek uit hebt, kom dan op bezoek in VillA Alfabet,
op bladzij 100-102.)

Je opa gaat dood. Op de begrafenis hoor je dingen over hem die je nog niet weet. In de familie wordt er eigenlijk niet over gesproken. Een familiegeheim? Heeft die geheimzinnige kris van opa uit Indonesië ermee te maken?

1 Een verre oom

Als je opa gestorven is, moet je toch verdrietig zijn? vraagt Geertjan zich af. Maar hoe hij ook zijn best doet, de tranen willen niet komen. Oma, die naast hem zit in de kerkbank, wrijft met een veel te dun zakdoekje langs haar ogen. Ze huilt echt. Ook zijn moeder snikt zachtjes. En hij zit erbij of het hem niets kan schelen dat opa Bud aan een hartaanval overleden is.

'Uit het leven weggerukt', staat op het bidprentje. Dat klinkt als een zware overtreding. Geertjan drukt zijn hand tegen zijn mond om de lachkriebels tegen te houden. Het lukt niet helemaal. Zijn lach klinkt als een korte snik. Oma slaat haar arm om hem heen. 'Opa heeft gelukkig geen pijn geleden,' fluistert ze. 'Het is beter zo, jongen.'

Geertjan knikt en nu komen de tranen echt. Opa Bud met wie hij in heel zijn leven amper een paar zinnen gesproken heeft, is dood. Hij krijgt dus nooit meer de kans die kleine bruine man met zijn koolzwarte ogen beter te leren kennen. Het is beter zo, zei oma. Dat is nog maar de vraag.

Oma drukt hem tegen zich aan. De kraag van haar jas kriebelt in zijn gezicht.

De plechtigheid op het kerkhof duurt kort. Er staat maar een kleine groep rond het pas gedolven graf. Nieuwsgierig kijkt Geertjan over de rand. De diepte van het gat verbaast hem. Ze willen opa Bud wel erg goed wegstoppen. Of heeft elke overledene zo'n diep graf? Ook een kind? Geertjan huivert bij die gedachte.

'Koud,' fluistert hij tegen zijn moeder.

'Straks gaan we in café 't Centrum een kopje koffie drinken en een broodje kaas eten,' zegt ze. 'Daar word je warm van.'

'Een broodje kaas?' vraagt Geertjan.

'Ja.'

'Opa Bud kon geen brood door zijn keel krijgen. Hij wilde alleen maar rijst.'

'Opa eet niet meer mee,' merkt moeder op.

Daar kan Geertjan geen speld tussen krijgen.

In 't Centrum is het bijna net zo koud en kil als op het kerkhof. Geertjan zit achter een beker warme chocomel met slagroom en kijkt het zaaltje rond. De meeste mensen kent hij niet. Het zijn verre familieleden, heeft zijn moeder tegen hem gezegd. Zo te zien komen ze ook van verre, want ze hebben donkerbruine gezichten als het leer van een versleten boekentas en amandelvormige ogen. Ze lijken allemaal een beetje op opa Bud: soms dikker, soms langer, soms krommer, maar allemaal hebben ze zijn zwarte, weemoedige ogen. Ze lijken meer in het verleden dan in het heden te kijken. Of komt dat door de begrafenis?

8

'Papa was niet in de kerk,' zegt Geertjan tegen zijn moeder die naast hem zit.

Moeders gezicht verstrakt. 'Had ik ook niet verwacht.'

'Weet hij dat zijn vader gestorven is?'

'Ik heb het hem in ieder geval niet verteld, want het is maanden geleden dat ik hem gesproken heb.'

'En oma?'

'Vraag het haar zelf maar.'

Geertjan zet grote ogen op. 'Ik ben daar gek!'

Het klinkt iets te hard. Verschillende gezichten draaien zijn kant op. Geertjan krijgt een kleur. Hij neemt vlug een slokje van zijn chocolademelk.

Iemand staat op en komt naar hen toe. Het is een lange, magere man die iets gebogen loopt. Hij steekt zijn hand uit. 'Hallo jongeman, ik ben Eddie, de jongste broer van opa.'

Geertjan schudt de hand van de man. Hij voelt de botjes in zijn vingers. Het lijkt of hij een skelet de hand drukt. Hij kijkt even naar zijn moeder, maar zij keert hem demonstratief haar rug toe.

'Gecondoleerd met het verlies van jouw opa,' zegt de man.

'Dank u wel, gecondoleerd met het verlies van uw broer, meneer.'

'Je mag me Eddie noemen, hoor. Eigenlijk ben ik een beetje familie van je, een soort oom. Oom Eddie. Dat klinkt goed. Mag ik even bij je komen zitten?'

Geertjan knikt, zijn moeder reageert niet.

De man trekt er een stoel bij. Hij kromt zijn rug nog verder naar voren. Straks breekt oom Eddie doormidden, denkt Geertjan.

'Het is allemaal snel gegaan met mijn broer,' zegt de man, terwijl hij voor zich uitstaart. 'Ik had hem nog een paar kalme jaren gegund.'

'Ik ook,' fluistert Geertjan. Hij weet niet wat hij moet zeggen, dus geeft hij oom Eddie maar gelijk.

'Jij kwam zeker vaak op bezoek bij jouw opa?' vraagt oom Eddie.

'Mama en ik gingen bijna elke zondag eventjes langs,' zegt Geertjan. We kwamen meer voor oma dan voor opa, denkt hij, maar dat hoeft die verre oom niet te weten.

Oom Eddie buigt zich samenzweerderig naar Geertjan toe. Zijn wang raakt bijna die van Geertjan. 'En jouw opa Bud vertelde zeker spannende verhalen over vroeger, over de oorlog in Nederlands-Indië, over...'

Plotseling klinkt naast Geertjan het geluid van een stoel die haastig naar achteren geschoven wordt. Zijn moeder is opgestaan. 'Zit dat kind niet uit te horen, Eddie!'

Het geroezemoes in het zaaltje verstomt even, neemt dan weer toe en Geertjan voelt dat zijn moeder, oom Eddie en hij het onderwerp van de gesprekken worden. Alleen oom Eddie blijft roerloos zitten. Het lijkt of het tumult hem helemaal ontgaat. 'Heeft hij jou verteld over... over zijn kris?' fluistert hij in het oor van Geertjan.

'Laat die jongen met rust, Eddie!' schreeuwt moeder.

Zij pakt zijn schouder beet en probeert hem weg te trekken, maar oom Eddie laat zijn prooi niet zo snel los. 'Heb je zijn kris ooit gezien, jongeman?'

'Zijn kris? Wat... wat is dat?'

'Luister niet naar zijn mooie praatjes, Geertjan!' waarschuwt moeder. 'Daar komt alleen maar ellende van!'

Geertjan kijkt haar aan. Hij heeft zijn moeder vaak kwaad gezien, vooral op zijn vader toen de echtscheiding op de loer lag. Maar het gezicht dat hij nu ziet, is vreemd voor hem. Beangstigend vreemd. Het lijkt of zijn moeder een masker op heeft dat elke uitdrukking van woede versterkt.

Oma komt er nu ook bij. Ze slaat haar arm om moeder heen. 'Kalm maar, kalm maar, Elsje,' fluistert ze, 'de mensen kijken allemaal.'

Geertjan weet niet wat hij moet doen. De verre oom zit nog steeds ongemakkelijk dichtbij. 'Zijn kris,' zegt hij, 'zijn kris. Wat weet je over zijn kris?'

'Laat mijn kleinzoon met rust, Eddie,' zegt oma. Haar stem klinkt krachtig en duldt geen tegenspraak.

Oom Eddie komt moeizaam overeind. Hij kucht zenuwachtig en zijn ogen schieten onrustig heen en weer. De woorden van oma hebben hem van zijn stuk gebracht.

'Als je iets te zeggen hebt, kun je het beter tegen mij doen. Ik wil niet dat je mijn kleinzoon opscheept met jouw kletspraatjes,' zegt oma.

Ofschoon ze veel kleiner is dan oom Eddie, lijkt ze toch boven hem uit te rijzen.

'De... de kris van Bud moet in de familie blijven,' fluistert oom Eddie met gebogen hoofd.

'Natuurlijk blijft die dolk in de familie. Zolang ik leef, hou ik hem bij me.'

'Ik heb recht op de kris van mijn broer.'

'Jij hebt jouw rechten verspeeld, Eddie.'

'Bud had hem mij beloofd.'

'Daar heeft hij mij nooit iets van gezegd.'

'Natuurlijk niet, waarom zou hij dat jou vertellen? Jij luisterde toch nooit naar hem. Heb jij ooit in de bijzondere krachten van zijn kris geloofd?'

Oma sluit haar ogen, balt haar handen tot vuisten en drukt ze tegen haar mond. Nu pas merkt Geertjan dat het doodstil geworden is in het zaaltje. Zo stil is het in de kerk en bij het pas gedolven graf niet geweest.

'Je kunt beter gaan, Eddie,' zegt oma zacht, 'ik heb je niets meer te zeggen.'

Oom Eddie knikt naar Geertjan en zijn moeder. Met afgemeten passen beent hij het zaaltje uit. Bij de deur draait hij zich om, het lijkt of hij nog wat wil zeggen, maar hij schudt alleen zijn hoofd. De deur slaat achter hem dicht. Het geroezemoes begint weer.

'Je chocomel is koud geworden, Geertjan,' zegt oma. 'Zal ik nieuwe bestellen?'

13

'Hoeft niet. Koude chocolademelk lust ik ook.'

Om dat te bewijzen neemt Geertjan een grote slok. Het smaakt vies, want tijdens zijn ontmoeting met oom Eddie is er een taai vel op de chocomel gegroeid. Dat vel krult zich als een tweede huid om zijn bovenlip heen.

Tegen de avond komen Geertjan en zijn moeder thuis, nadat ze eerst oma hebben afgezet bij 'Villa Verdi'. Oma en opa hebben daar een mooi appartement. In het vervolg zal oma er alleen moeten wonen.

'Zullen wij vannacht bij je blijven slapen?' had moeder nog geïnformeerd, maar oma wilde daar niets van weten. 'Ik kan er beter meteen aan wennen dat ik het bed vanaf nu alleen voor mezelf heb,' had ze met een pijnlijke glimlach geantwoord. Wél had ze bij het afscheid Geertjan extra stevig tegen zich aan gedrukt. 'Ik hoop dat je niet droomt van enge ooms en gevaarlijke krissen, jongen.'

'Heeft opa echt een kris in zijn bezit, oma?'

'Ik heb het ding de laatste tijd niet meer gezien.'

'Komt oom Eddie nog een keer terug?'

'Eddie heeft hier niets meer te zoeken.'

'Waarom wil hij de kris van opa Bud zo graag hebben?'

Oma kijkt moeder even aan. 'Ik zou het niet weten, jongen.'

Geertjan krijgt het gevoel dat moeder en oma iets voor hem verborgen houden. Wat is er aan de hand met de kris van opa Bud?

2 Magische krachten?

Een paar weken later vindt oma dat het tijd wordt om de kast van opa Bud op te ruimen. Vandaar dat ze Geertjan een paar dagen geleden opgebeld heeft met de vraag of hij haar wilde helpen.
'Als je goed je best doet, trakteer ik op saté,' heeft ze hem beloofd.

Op woensdagmiddag gaan ze aan het werk. Twee grote plastic zakken van het Leger des Heils liggen klaar om gevuld te worden voor arme mensen.
Geertjan vindt het een griezelig idee de bezittingen van zijn gestorven opa op te ruimen. Straks zal niets in huis meer aan hem herinneren. Misschien een fotootje op het nachtkastje – met een lachende opa in de bloei van zijn leven – of het bidprentje aan het prikbord. Dat is alles. Straks lijkt het of opa Bud nooit bestaan heeft. Nou ja, voor Geertjan is hij er eigenlijk nooit geweest. Opa Bud zat in zijn leunstoel voor zich uit te staren, terwijl hij met zijn hand over zijn bovenbeen wreef. Steeds wreef hij over hetzelfde plekje alsof hij het extra warm wilde houden.

'De oorlog zit vandaag weer in zijn hoofd,' zei oma dan, 'laat hem maar met rust.'

Dat heeft Geertjan gedaan zolang hij opa Bud kent. Zijn klasgenoten vertelden wel eens dat ze met hun opa gingen vissen. Of dat ze met hem naar de bioscoop geweest waren. Geertjan had nooit zo'n verhaal. Over de oorlog in Nederlands-Indië waar oom Eddie het over had, repte opa nooit.

'Zelfs ik krijg er nooit iets over te horen,' zei oma als Geertjan er naar vroeg.

Oma houdt een grijze trui omhoog. 'Deze stond hem zo goed. Je kon duidelijk zien dat hij nog helemaal geen buikje had.'

De trui verdwijnt in de zak bij de broeken met de vlijmscherpe vouw, de hagelwitte hemden, de zwarte en donkerblauwe sokken, de ouderwetse colbertjasjes, de lange onderbroeken voor in de winter en de overhemden met korte mouwen voor in de zomer.

Nadat de twee zakken gevuld zijn, komen de andere eigendommen van opa Bud aan de beurt. Die liggen op de onderste plank van de kledingkast en zijn op de vingers van één hand te tellen. Geertjan vindt een houten sigarenkistje met vergeelde brieven. Hij vouwt er een open. 'Allerliefste Elsje,' leest hij hardop.

Oma trekt de brief uit zijn handen. 'Deze brieven schreef hij me toen hij in Indië tegen de Jappen vocht,' zegt ze, terwijl ze een hoogrode kleur krijgt.

'Het lijken me liefdesbrieven!' roept Geertjan. Als hij het gezicht van oma ziet, begint ook hij te blozen. Om dat te ver-

16

bergen, duikt hij dieper de kast in. Hij komt omhoog met een vaalgroen, canvas tasje in zijn hand. Een brede klep met riempjes sluit het tasje af. Geertjan bekijkt zijn vondst van alle kanten.

'Een soldatentasje,' mompelt hij.

Oma knikt. 'Ik dacht dat hij dat versleten ding allang weggegooid had.'

'Wist u echt niks van dit tasje af?' vraagt Geertjan met een ongelovig gezicht. Hijzelf kan voor zijn moeder niks verborgen houden. Zelfs die ene sigaret die hij ooit van een oudere jongen gekregen had, wist ze te vinden. Ze dacht dat hij al een kettingroker geworden was en bombardeerde hem met woorden als *longkanker* en *verslaving*. Terwijl ze zelf rookt als een schoorsteen. 'Ik kom er nooit meer vanaf, maar jij kunt je leven nog beteren,' waarschuwde moeder hem toen.

'Ik kwam nooit in opa's kast. Hij ruimde zijn kleren altijd zelf op,' verklaart oma.

Geertjan gaat op de rand van oma's bed zitten en peutert de stugge riempjes van het tasje los. Hij slaat de klep open en ziet het houten handvat van een dolk. Meteen moet hij aan de woorden van oom Eddie denken.

'De kris,' mompelt hij, terwijl hij de dolk uit het tasje haalt. De schede is gemaakt van lichtbruin bamboe en ziet er eenvoudig uit. Alleen de vorm is bijzonder. Bovenaan, waar de greep van de kris uitsteekt, heeft de schede een soort vaandel van hout. Dat geeft het wapen iets sierlijks.

Is dit nou alles? denkt Geertjan. Moest oom Eddie daar zo'n
herrie over maken? Hij trekt aan de greep. Met een licht, schu-
rend geluid komt de kris uit de mond van de schede te voorschijn.
Geertjan ziet dat het lemmet in golven loopt naar de punt toe.
Tegen het handvat aan heeft het staal een kartelrand. Aan de
rechterkant, op de grens tussen handvat en lemmet, zit een
grappig slurfje.
Voorzichtig pakt Geertjan het lemmet tussen duim en wijsvinger en strijkt langs de golven naar boven toe. Ze zijn niet
scherp. De punt is het enige gevaarlijke onderdeel van de kris
van opa Bud.

Oma komt naast Geertjan zitten. Ze zucht.

'Dus daar had hij zijn kris verstopt.'

'Wist... wist u dat ook al niet?'

'Ja en nee. Opa pakte zijn kris als hij niet kon slapen en dat was bijna elke nacht. Op de rand van het bed ging hij dan met die dolk tegen zijn borst gedrukt zitten prevelen. Dat gedoe werkte vreselijk op mijn zenuwen. De laatste maanden deed hij dat niet meer. Hij vertelde me dat hij zijn kris aan een vriend verkocht had, maar ik geloofde hem niet. Hij zou nooit afstand doen van zijn kris. Toen hij ziek werd, hebben we het er niet meer over gehad.'

'Kon u verstaan wat opa tegen zijn kris zei?'

'Geen woord. Ik hoorde alleen dat het Maleisische zinnen waren, maar waar hij het over had... Ik zou het echt niet weten.'

Geertjan draait de kris langzaam rond in zijn handen. Hij ziet dat het oppervlak van het lemmet niet glad is. Als je de kris op een bepaalde manier in het licht houdt, verschijnt er een afbeelding op het staal. Voorzichtig manoeuvreert Geertjan de kris zo naar het raam toe dat hij de afbeelding kan zien. Het is een slang die langs de golven kronkelt. 'Kijk eens, oma?'

Oma slaat haar arm om Geertjan heen en lacht kort. 'Spannend, hè, zo'n Javaanse kris.'

Geertjan knikt.

'Waarom heeft u niet tegen oom Eddie gezegd dat opa zijn kris volgens u verkocht had?'

'Dat durfde ik niet. Voor veel Indonesische mensen heeft een
kris bovennatuurlijke krachten. Oom Eddie gelooft daar ook in.
Als ik hem verteld zou hebben dat de kris weg was, zou hij verschrikkelijk kwaad op Bud geworden zijn. Ik wilde niet dat hij
de nagedachtenis aan jouw gestorven opa zou besmeuren. Het
was dus een leugentje om bestwil.'
'Nu kunt u oom Eddie de kris geven.'
'Hij krijgt hem niet!'
Van schrik laat Geertjan de kris vallen. Hij wil hem pakken. Bij
die beweging glijdt het canvas tasje van zijn schoot. Hij gaat
weer naast oma zitten en drukt de kris tegen zich aan. Het lijkt
of een warme gloed zich langs zijn borst verspreidt.
'Opa hield zijn kris ook op die manier tegen zich aan,' zegt
oma.
'Waarom mag oom Eddie de kris niet hebben?' vraagt Geertjan
voorzichtig.
'Jouw opa was een zwijgzame man, Geertjan, maar één ding
heeft hij me tot vervelens toe gezegd, bezworen zelfs: wat er
ook zou gebeuren, de kris mocht nooit in de handen vallen van
zijn jongste broer. Volgens mij heeft hij het wapen daarom verstopt.'
'Maar waaróm mag oom Eddie hem niet hebben?'
'Dat weet ik niet. Op die vraag heb ik nooit antwoord gekregen.
Jouw opa werd kwaad als ik hem die vraag stelde. "Dat is iets
tussen mij en mijn broer," zei hij altijd. Einde discussie.'
Geertjan krijgt het steeds warmer. Op de plaats waar hij de kris

tegen zich aanhoudt, lijkt hij in brand te staan. Komt dat van de spanning?

'Maar oom Eddie zei dat opa hem de kris beloofd had,' zegt Geertjan.

'Eddie is een leugenaar. Zullen we naar de huiskamer gaan? Ik vind dat we genoeg opgeruimd hebben. Jij hebt je saté verdiend.'

In gedachten verzonken blijft Geertjan zitten. Hij heeft oma wel gehoord, maar haar woorden dringen niet tot hem door. Een andere vraag houdt hem nu bezig: waarom wil oom Eddie de kris graag hebben?

Hij durft die vraag niet aan oma te stellen, want zij weet er toch geen antwoord op. Misschien wil oom Eddie de kris bewaren als herinnering aan zijn broer. Onzin. Zoveel contact hadden die twee niet, anders zou hij oom Eddie ooit bij opa en oma gezien hebben. Er is iets bijzonders met de kris van opa. Dat voelt hij door zijn hele lijf gloeien.

'Ga je nog mee of blijf je zitten mediteren?' vraagt oma bij de deur. 'Je lijkt op je opa zoals je daar zit.'

Geertjan steekt de kris terug in de schede, legt hem op de beddensprei en staat op. Als hij wegloopt, schopt hij per ongeluk tegen het canvas tasje aan. Hij kijkt. Uit het tasje steekt een blaadje. Hij lacht zenuwachtig en pakt het blaadje. Het is ruw uit een agenda gescheurd. 5 Augustus 1944, leest hij. Dat is een hele tijd geleden. Oorlogstijd, weet hij uit de geschiedenisles op school.

Zijn ogen gaan langs de woorden die met potlood in een bibberend handschrift op het papier gezet zijn.

Beste Bud,
Ik geef je mijn kris als herinnering aan onze vriendschap. Alleen aan jou kan ik mijn kris toevertrouwen in deze donkere tijden.
Jij kent zijn kracht en je zult goed voor hem zorgen. Jij weet dat de kris niet met zich laat spotten. Het ga je goed.

Voor altijd jouw vriend, Theo.

Aan de keukentafel laat Geertjan het briefje aan oma lezen.
Oma knikt langzaam.

'Wie is Theo?' vraagt Geertjan.

'Gelukkig kan ik op deze vraag antwoord geven, jongen. Theo was een jeugdvriend van opa. Ze trokken altijd samen op en zijn in de oorlog ook samen in het Jappenkamp terechtgekomen. Dat was een harde tijd.'

'Jappenkamp?'

'Ja. De Japanners hebben in de Tweede Wereldoorlog Indonesië veroverd op de Nederlanders. Jouw opa en zijn vriend Theo vochten aan Nederlandse kant tegen de Japanners, maar zij konden niet op tegen de overmacht. Na de overwinning stopten de Jappen alle Nederlanders in kampen.'

'Zoiets als de concentratiekampen waar de Joden opgesloten werden?'

'Ja.'

'Was Theo ook op de begrafenis van opa?'

'Nee, het schijnt dat hij in het Jappenkamp gestorven is.'

'Schijnt?'

'Opa wilde er niet over praten. Wat ik weet, heeft oom Eddie me lang geleden in een openhartige bui verteld.'

'Dus het is niet zeker dat Theo dood is.'

'Niets in deze geschiedenis is zeker,' zucht oma. 'Ik heb ook eens gehoord dat hij in Bronbeek zou wonen. Dat is een tehuis voor ex-soldaten die in dienst waren van het Koninklijk Nederlands-Indisch Leger: het KNIL. Laten we er nu maar over ophouden. We gaan saté eten, dat is zeker.'

Niemand kan zo goed kipsaté bakken als oma. Dat is ook zeker. Als Geertjan het laatste restje saus van zijn bord geveegd heeft met een stukje stokbrood, kan hij geen saté meer zien. Oma kijkt het glimlachend aan.

'Opa kon ook zo smakelijk eten,' zegt ze. 'Ik had er zo'n plezier in voor hem te koken.'

Vanuit de gang klinkt een kort gezoem. Dat betekent dat er iemand aan de buitendeur van Villa Verdi staat. Oma loopt naar de intercom en drukt op een knopje. 'Wie is daar? Oh, ben jij het, kom maar boven.'

Even later staat moeder in de keuken. Geertjan ziet aan haar gezicht dat ze vermoeid is. Haar haren springen alle kanten op en haar oogschaduw is uitgelopen.

'Wat een dag,' zucht moeder. 'Het leek of de klanten allemaal bij mijn kassa kwamen afrekenen. Een gekkenhuis.'

'Echt Hema,' lacht Geertjan.

'Trek je jas aan, we gaan,' zegt moeder. 'Ik wil languit op de bank liggen.'

'Ik heb de kris van opa gevonden!' roept Geertjan. Hij rent naar de slaapkamer en komt terug met de kris in zijn hand. Zonder dat hij er zich van bewust is, drukt hij hem tegen zijn borst. Meteen is het gloeiende gevoel weer terug. Hij weet ook wat hij aan oma moet vragen.

'Mag... mag ik de kris meenemen?'

Oma en moeder kijken elkaar aan.

'Wat moet je thuis met dat enge ding doen?' vraagt moeder.

'Ik wil... ik wil er op school een spreekbeurt over houden.'
Oma loopt naar hem toe en pakt hem bij zijn schouders.
'Je hoeft geen smoesje te verzinnen om de kris van opa mee te
nemen, jongen.'
'Het is geen smoesje, oma.'
'Je mag de kris van opa houden zolang je wilt,' gaat oma ver-
der. 'Beschouw hem maar als een erfstuk. Per slot van rekening
heb jij hem gevonden.'
'Dank u wel, oma.'
'Opa zou het met me eens geweest zijn, Geertjan, want in
Indonesië beschouwt men een kris als een familiewapen. Hij
moet doorgegeven worden van vader op zoon. Aangezien de
zoon...'
Oma staart zwijgend voor zich uit. 'Jij bent opa's kleinzoon. De
kris blijft dus in de familie.'

Onderweg naar huis blijft het warme gevoel in het lijf van
Geertjan zitten. Hij weet zeker dat hij de enige jongen op de
wereld is die een kris van zijn opa geërfd heeft. Misschien
loopt er in Indonesië ook een jongen met een kris van zijn opa
rond, maar dat telt niet mee. Met die opa heeft hij niets te
maken. Morgen laat hij zijn kris op school zien. Wat zullen zijn
klasgenoten opkijken.

3 Gloeiend heet

De klasgenoten van Geertjan kijken er inderdaad van op, maar
heel anders dan hij had verwacht.
'Die stomme Geertjan heeft een verroest keukenmes meegenomen!' roept William, rennend over de speelplaats. Hij zorgt
ervoor dat Geertjan het middelpunt wordt van een groepje
lachende, duwende en scheldende klasgenoten.
'Dit is geen gewoon mes, dit is een kris uit Indonesië!' roept
Geertjan boven het lawaai uit.
'Je had dat stuk oud roest beter meteen in de vuilnisbak kunnen gooien,' zegt William met een gemene trek om zijn mond.
De kinderen stoten elkaar aan.
Geertjan klemt zijn lippen op elkaar. Daar is hij nu altijd zo
bang voor. Iedereen is het natuurlijk weer met William eens.
Door zijn grote mond is hij de baas van de klas. Steeds als
iemand anders iets bijzonders wil laten zien of een interessant
verhaal heeft, komt hij er met zijn flauwe grapjes tussendoor.
Hij is gewoon jaloers, maar de meeste kinderen vinden het nog
leuk ook.
Zelfs meester Carel kan niet tegen William op. Soms stuurt hij
hem naar de gang, zogenaamd om af te koelen, maar eigenlijk

ziet de meester geen andere mogelijkheid om hem de mond te snoeren. Moet je William daar zien staan, met zijn opgeblazen borst en zijn rode kop.

De bel gaat.

Onderweg naar het klaslokaal besluit Geertjan de kris niet aan de klas te laten zien. Maar meester Carel begint er meteen over.

'Wat hoor ik, Geertjan, heb je iets bij je dat de moeite van het bekijken waard is?'

Geertjan haalt zijn schouders op. 'Valt wel mee.'

'Het is een broodmes uit India!' roept William door het lokaal heen. Iedereen lacht. De meester trekt een vermoeid gezicht.

'Stil jongens. Laat eens zien, Geertjan?'

'Hij zit in mijn rugzak.'

'Ga maar halen.'

Geertjan rent de klas uit. Als hij met de kris terugkomt, is het doodstil. Meester Carel staat met zijn armen gevouwen voor zijn borst naast zijn bureau. Zijn ogen priemen de klas in. Hij heeft gepreekt over het gedrag van William, denkt Geertjan.

Nou, dat is een goed begin van de dag.

'Jij ziet er gevaarlijk uit,' zegt de meester.

'Het is een Indonesische kris,' fluistert Geertjan.

'Je moet wat harder praten, jongen.'

'Dit is een kris uit Indonesië!' roept Geertjan, terwijl hij de dolk uit de schede trekt.

De meester deinst achteruit.

De kinderen lachen zenuwachtig. William houdt zijn mond, maar hij kijkt ongeïnteresseerd uit het raam.

'Opletten William!' waarschuwt de meester.

William reageert alsof hij met de kris in zijn billen geprikt is. Enkele kinderen grinniken.

Meester Carel schudt langzaam zijn hoofd en laat een diepe zucht horen.

Geertjan gaat met de kris de rijen langs. 'Mijn opa heeft tijdens de Tweede Wereldoorlog in Indonesië tegen de Jappen gevochten. Deze kris heeft hij van zijn beste vriend Theo gekregen.'

De kinderen gaan er eens goed voor zitten. Die Geertjan zorgt er met zijn spannende verhaal voor dat de rekenboeken voorlopig niet uit de kastjes komen. En dat is mooi meegenomen.

'De mensen in Indonesië denken dat een kris geheimzinnige magische krachten bezit,' gaat Geertjan verder.

'Wat bedoel je?' vraagt een meisje dat voorin zit. Het is Tineke. Volgens Geertjan is ze het mooiste meisje van de klas.

'Dat is moeilijk uit te leggen,' zegt Geertjan blozend. 'Bij de kris zat een briefje en daarin stond dat deze kris niet met zich laat spotten. Misschien zit er een geest in.'

'Overdrijf je nu niet een beetje, Geertjan?' vraagt meester Carel. 'Vroeger geloofde men ook in deze streken in geesten en spoken. Denk maar eens aan de verhalen over de kasteelruïne in het bos. Maar we weten nu in het tijdperk van computers en internet dat het allemaal onzin is.'

Voorzichtig draait Geertjan de kris naar het licht. 'Als je goed kijkt, zien jullie over het lemmet een slang kronkelen. Misschien is dat de geest van de kris.'

Plotseling klinkt door de klas: 'Ik heb gisteren een nieuwe computer gekregen, meester.'

Het is William.

'Sst,' doen een paar kinderen, maar de meester heeft bij het woord "computer" zijn aandacht voor de kris verloren.

'De vriend van mijn opa...'

'Bedankt voor jouw interessante verhaal, Geertjan,' zegt meester Carel. 'Nu is William aan de beurt. Leg je kris maar op je tafeltje, maar pas op dat de geest niet ontsnapt.'

Er klinkt onderdrukt gelach.

Langzaam steekt Geertjan de kris terug in de schede. Een voor een verdwijnen de golven weer. Als hij naar zijn plaats terugloopt, smijt hij een woedende blik in de richting van William. Die dikzak moest zijn optreden natuurlijk weer vergallen. Eens zal hij het hem betaald zetten. Hij is ook kwaad op de meester. Heeft hij niet in de gaten dat William bijna stikt van jaloezie? Of probeert hij het weer goed te maken met zijn moeilijkste leerling? De dag was inderdaad vervelend begonnen. Misschien wil de meester er nog iets van redden.

Terwijl William hoog opgeeft over de mogelijkheden van zijn nieuwe computer, trekt Geertjan de kris weer uit de schede en staart naar het golvende lemmet.

'Ze hebben je beledigd,' fluistert hij in zichzelf, 'ze hebben je uitgescholden. Dat zou ik niet pikken als ik jou was.'

'Wil je even opletten, Geertjan?' vraagt de meester. 'William heeft per slot van rekening ook naar jouw verhaal geluisterd.' Geertjan voelt zich betrapt en knikt. Hij schuift de kris weer in de schede, legt hem voor zich neer en doet net of hij een en al aandacht is. Maar nu begint het briefje van Theo door zijn hoofd te spoken. Stel je voor dat die vriend van opa Bud nog leeft. Dan kan hij veel over hem en over de kris vertellen. Maar waar ligt Bronbeek?

Hij kan natuurlijk aan oma vragen waar dat tehuis ligt, maar hij heeft liever niet dat zij of moeder iets weten van het plannetje dat langzaam in zijn hoofd groeit. Hoe meer je aan volwassenen vertelt, des te minder je mag, is zijn ervaring.

In gedachten verzonken trekt Geertjan de kris weer uit de schede. Hij drukt hem tegen zich aan. Een weldadige warmte verspreidt zich over zijn borst. Op de achtergrond hoort hij William praten over zijn gesurf op internet. Internet? Wacht even: de bibliotheek heeft toch ook een internet-aansluiting? Misschien kan hij daar iets over Bronbeek vinden. Die stomme William is toch ergens goed voor.

Geertjan heeft niet in de gaten dat meester Carel met grote stappen naar hem toe beent.

'Ik had je toch gezegd die dolk te laten liggen?' moppert hij. 'Geef hem maar hier, dan bewaar ik hem op mijn bureau.'

Geertjan schrikt. Iets in hem zegt dat hij zijn kris niet aan de meester moet geven. Hij wil hem vlug weer terug in de schede steken, maar daar is meester Carel niet tevreden mee. Hij trekt

30

de dolk uit Geertjans handen, maar met een schreeuw laat hij hem meteen weer los. De kris klettert op de vloer.

'Dat ding is gloeiend heet!' roept meester Carel. 'Hoe komt dat?'

Geertjan haalt zijn schouders op. 'Weet ik niet.'

Met een van pijn vertrokken gezicht wrijft meester Carel over zijn hand. 'Had je me niet kunnen waarschuwen?'

Geertjan bukt zich en pakt zijn kris op. Meester Carel en de kinderen van de klas staren hem met open mond aan. Heeft Geertjan vuurvaste handen?

'Er is niks aan de hand met mijn kris,' zegt Geertjan. 'Wil jij hem even vasthouden, William?'

De aangesproken jongen kijkt met een opgejaagde blik in zijn ogen om zich heen. Nu moet hij waarmaken dat hij de stoerste jongen van de klas is. De andere kinderen voelen dat ook aan.

'Kom op, William, laat je niet kennen!' roepen een paar jongens.

'Hij durft niet, wedden?' sissen enkele meisjes.

Met de kris tegen zijn borst gedrukt loopt Geertjan naar William toe. 'Hij doet echt niks,' fluistert hij. 'Je bent toch niet bang voor een verroest broodmes?'

William schudt zijn hoofd en steekt voorzichtig zijn hand uit. Meteen legt Geertjan er het lemmet van zijn kris in. Er klinkt een indringende gil door de klas. iedereen verstijft van schrik. 'Ik verbrand! Ik verbrand!'

William rent naar het wastafeltje in de hoek van de klas, draait de kraan open en laat het koele water over zijn hand lopen. 'Ik verbrand,' huilt hij, 'dat komt door dat verrekte slagersmes van hem!'

De kinderen kijken van William naar Geertjan. In hun ogen is een mengeling van ongeloof en angst te lezen.

'Hoe noem je mijn kris?' vraagt Geertjan. Hij heeft de dolk inmiddels weer in de schede opgeborgen. Nu maakt hij een beweging alsof hij hem er weer uit wil trekken. William houdt zijn handen afwerend omhoog.

Meester Carel komt bij Geertjan staan. Hij knippert zenuwachtig met zijn ogen.

'Leg je kris maar netjes terug op je tafeltje, Geertjan,' zegt hij.

'Maar u wilde hem toch meenemen naar uw bureau?'

Met een zenuwachtig lachje schudt meester Carel zijn hoofd.

'Die dolk is van jou.'

Geertjan knikt. Betere woorden had de meester niet kunnen gebruiken.

'Maar... als je er tijdens de rekenles mee zit te spelen, pak ik hem af,' gaat meester Carel verder, maar echt overtuigend klinkt het niet.

Vijf minuten voordat het speelkwartier begint, mogen de kinderen meegebracht fruit opeten of wat drinken. Een groepje komt voorzichtig bij Geertjan staan om zijn kris te bekijken.

Als hij hem uit de schede bevrijdt, gaat er een zucht van spanning door het groepje.

'Hij is nu niet kwaad meer,' zegt Geertjan.

'Hoe weet je dat?' vraagt Tineke.

Geertjan bloost. 'Dat voel ik, pak hem maar beet. Vertrouw je me?'

Tineke knikt. Behoedzaam tikt ze een paar keer tegen het lemmet. Dan houdt ze haar hand erop.

'Het is een gewone dolk, hoor,' zegt ze.

Nu durven de andere kinderen ook. De kris gaat van hand tot hand. Geertjan staat erbij alsof hij de jarige Job is. Ook meester Carel bekijkt de dolk van alle kanten. 'Inderdaad een bijzonder erfstuk, Geertjan,' is zijn commentaar. 'Neem hem vanmiddag maar weer vlug mee naar huis.'

'Jij mag het ook weer eens proberen,' zegt Geertjan tegen William, die schoorvoetend dichterbij komt.

William glimlacht beschaamd.

'Hij durft niet meer,' fluisteren een paar kinderen.

Dat laat William zich niet zeggen. Hij pakt de kris van Geertjan aan en bekijkt hem vluchtig.

'Gaaf,' is zijn oordeel nu. Hij geeft hem snel weer terug. ∎

4 Aanwaaien

Als Geertjan thuiskomt, vertelt hij zijn moeder niets over de vreemde gebeurtenis in de klas. Ze vraagt trouwens niet eens hoe het op school was, want ze heeft hoofdpijn. Geertjan moet bij de drogist snel een doosje paracetamol halen. Snel slikt ze er twee in.

'Wat een leven,' zucht ze, 'de hele dag lingerie vouwen. Ik kan geen onderbroek meer zien.'

Pas tegen de avond zakt de hoofdpijn van moeder.

Na het eten zitten ze samen op de bank televisie te kijken. Geertjan kruipt dicht tegen zijn moeder aan. Sinds de scheiding van zijn ouders vindt hij dat het gezelligste moment van de dag. De tekenfilm die te zien is, interesseert hem niets. Hij bekijkt moeder van opzij.

'Denk jij nog wel eens aan opa Bud?' vraagt Geertjan.

Moeder houdt haar ogen gesloten en beweegt niet. Het lijkt of ze de vraag van Geertjan niet gehoord heeft. 'Nee, eigenlijk niet meer,' zegt ze eindelijk. 'Moet dat dan?'

Geertjan haalt zijn schouders op. 'Hij is toch de vader van papa?'

'Nou en?'

'Niks.'

Op het televisiescherm achtervolgen de tekenfilmdieren elkaar in duizelingwekkende vaart.

'Ik had nooit veel contact met opa Bud,' zegt moeder plotseling. 'Ik kan me niet herinneren dat ik ooit een gesprek met hem gevoerd heb. Ik moet je eerlijk bekennen dat ik hem niet mis, als je dat bedoelt. Je hebt vandaag toch zijn kris op school laten zien?'

'Ja.'

'Vertel eens?'

Geertjan vertelt wat hij kwijt wil. Hij zwijgt over de onverklaarbare hitte die de kris uitstraalde, omdat hij niet zeker weet hoe zijn moeder zal reageren. Zijn verhaal geeft hem wel de kans de vraag te stellen die hij al vanaf het avondeten in zijn hoofd heeft. 'Waarom deed jij zo raar tegen oom Eddie?'

'Omdat hij een sukkel is, net als je vader.'

Geertjan knijpt zijn ogen dicht. Dat antwoord had hij kunnen verwachten. 'Meen je dat, mama?'

Moeder zucht. 'Eddie heeft een groot probleem: hij gokt. Al zijn geld verdwijnt vroeg of laat aan de roulettetafel in het casino.'

'Wat heeft papa ermee te maken?'

'Wil je dat echt weten?'

Geertjan bijt op zijn onderlip. Hij heeft zijn vader in geen maanden gezien. Soms komt hij aanwaaien, zoals zijn moeder het uitdrukt. Dan eet hij volop mee, kletst met Geertjan, maakt grapjes met moeder en is plotseling weer verdwenen, nadat hij een paar bankbiljetten op de salontafel gelegd heeft. Maar nooit heeft hij iets losgelaten over zijn privé-leven.

'Dat zijn mijn eigen zaken,' antwoordt hij op elke vraag die Geertjan in die richting stelt.

De tekenfilmdieren op de televisie staan uit te hijgen van de achtervolging, ziet Geertjan. Ze glimlachen vriendelijk naar hem. Moeder kroelt met haar hand door zijn haren. 'Misschien wordt het tijd dat ik het je vertel, Geertjan. Vroeg of laat kom je er toch achter. Jouw vader is, net als die oom Eddie van je, verslaafd aan gokken. Nou weet je het.'

Daarom hadden mijn ouders altijd ruzie over geld, denkt Geertjan. Er was trouwens nooit geld.

'Hoe... hoe komt dat?' vraagt hij.

'Het zit in de familie. Jouw vader ging soms met Eddie mee naar het casino in Breda. Ik zag er geen kwaad in, maar die uitstapjes waren het begin van een hoop ellende... en schulden. Nu weet je ook waarom ik niet de grootste vriendin van Eddie ben. Hij wilde de kris van opa Bud waarschijnlijk alleen maar hebben om hem snel te verkopen en het geld te vergokken. Je mag er trouwens nooit met oma over praten, want ze schaamt zich dood. Beloof je dat?'

Geertjan knikt. Nu begrijpt hij ook waarom zijn vader nooit iets over zijn leven wil zeggen.

'Komt papa ooit van het gokken af?'

'Hij probeert het, maar het haalt weinig uit. Ik vermoed dat hij nog steeds contact heeft met zijn gokmaatje Eddie.'

'Zou papa weer bij ons kunnen wonen als hij niet meer gokt?'

Moeder glimlacht weemoedig. 'Ja, jouw vader blijft een sukkel, maar in de grond van zijn hart is hij een vreselijk lieve sukkel. En hij is dol op jou. Zeg voorlopig maar niet tegen hem dat jij weet van zijn gokverslaving. Hij zou zich doodschamen.'

'Zal hij het me zelf ooit vertellen, denk je?'

Moeder schudt haar hoofd. 'Zoals ik al zei, hij schaamt zich dood. Zo gauw hij van het gokken af is, zal hij jou waarschuwen voor de gevaren. Vergeet niet: hij is dol op jou.'

De volgende dag na school zit Geertjan in de bibliotheek achter de computer. Hij wil via internet informatie opvragen over Bronbeek. Het plan dat in zijn hoofd aan het groeien was, heeft nu vaste vormen gekregen. Als Theo nog leeft, woont hij in Bronbeek. En Theo is de enige die hem meer kan vertellen over de kris van opa Bud.

Voor een euro mag Geertjan een halfuur surfen op internet. Dat moet voldoende zijn, want meer geld heeft hij niet. Hij typt Bronbeek in. De computer gaat meteen zoeken. Binnen een minuut verschijnt er een lijst met acht artikelen op het scherm. Geertjan klikt de bovenste aan.

'Yes!' roept hij. Enkele bezoekers kijken bestraffend zijn kant op.

'Yes,' fluistert Geertjan.

'Bronbeek confronteert met koloniaal verleden,' leest hij. Veel snapt hij er niet van, maar hij heeft het gevoel dat hij op het goede spoor zit. Hij leest verder.

Het aantal ex-soldaten dat ooit in actieve dienst was bij het Koninklijk Nederlands-Indische Leger (KNIL) is langzamerhand op de vingers van twee handen te tellen. Het oorspronkelijke 'Koloniaal Militair Invalidentehuis' op het landgoed Bronbeek bij Arnhem
– 'Yes,' fluistert Geertjan weer – *staat sinds 1972 open voor alle krijgsmachtonderdelen.*
Bij de ingang wordt koning Willem III geëerd met een borstbeeld. In 1859 schonk hij het landgoed aan de Staat der Nederlanden met de bedoeling er een militair invalidentehuis van te maken. Het grootste deel van het tehuis is nu ingericht als museum. De geschiedenis van het KNIL loopt als een rode draad door de museumzalen. De soldaten die de zware tropendienst in Nederlands Indië overleefden, konden van hun pensioen genieten in Bronbeek.
Het heldhaftig verleden weerspiegelt zich in de grote hoeveelheid wapentuig in het museum, variërend van musketten tot luchtafweergeschut. De krissen in alle soorten en maten blijken niet zomaar fraaie messen.
'Yes!'
De uitvoering staat bol van symboliek. Ze zijn vervaardigd uit een legering van ijzer en nikkel.

'Yes!'
Museum Bronbeek,
Velperweg 247,
Arnhem
Geopend van dinsdag t/m zondag van 10.00 tot 17.00 uur.
Entree € 2,50; t/m 12 jaar € 1,50
Openbaar vervoer: vanaf centraal station Arnhem stadsbus 1,
richting Velp.

'Yes!'
Geertjan staart voor zich uit. Langzaam vervaagt de informatie
over Bronbeek op het scherm. Hoe hij in Arnhem moet komen,
is hem een raadsel. Hij kan niet zomaar aan moeder een voor-
schot van een halfjaar zakgeld vragen. Ze ziet hem aankomen.
Haar eerste vraag zal zijn waar hij zoveel geld voor nodig
heeft.
Arnhem blijft dus onbereikbaar ver weg óf hij moet moeder
alles eerlijk vertellen. Misschien wil ze met hem mee naar
Bronbeek. Geertjan schudt zijn hoofd. Zijn moeder heeft teveel
narigheid meegemaakt. Het ligt meer voor de hand dat ze hem
zal verbieden nog dieper in het verleden te graven.

Als Geertjan thuiskomt, hoort hij dat zijn vader is komen aanwaaien. Hij gooit de achterdeur open en springt op zijn vader
af.
'Ha, kanjer!' roept zijn vader, terwijl hij hem met twee armen

opvangt en van de grond tilt. Geertjan snakt naar adem.

Als zijn vader hem weer op de grond gezet heeft, moet hij even bijkomen van de onstuimige begroeting.

'Opa Bud is gestorven,' zegt hij hijgend.

Zijn vader knikt.

'Jij was niet op zijn begrafenis.'

'Ik wist niet dat mijn vader gestorven was, Geertjan, mama heeft het me net verteld.'

'Oom Eddie was er wel.'

Op het gezicht van zijn vader verschijnt een nijdige uitdrukking. Hij kijkt moeder aan. Zij maakt een afwerend gebaar met haar handen. 'Ik neem het je niet kwalijk, Maarten. Geertjan ook niet, hè, Geertjan?'

'Eh... nee, ben je verdrietig?'

Zijn vader knikt. Geertjan ziet dat zijn lippen trillen.

'Als jij dood zou gaan, zou ik een jaar huilen,' zegt hij.

Zijn vader glimlacht. 'Een wasmand vol natte zakdoeken. Mijn vader en ik... ach, we hebben elkaar nooit veel te vertellen gehad. En nu is het te laat. Misschien had ik...' Hij maakt zijn zin niet af. In plaats daarvan draait hij zich om en veegt met zijn arm langs zijn ogen. Geertjan staat er wat verloren bij.

'Het eten is klaar!' roept moeder vanuit de keuken, 'hebben jullie honger?'

'Ik wel,' zegt vader. 'Kom, Geertjan, we gaan buffelen.'

Geertjan kijkt zijn vader onderzoekend aan. Hij ziet er ineens veel ouder uit, denkt hij.

Tijdens het eten vraagt vader Geertjan uit over zijn resultaten op school, zijn klasgenoten, de meester... 'Heb je al een vriendinnetje?'

Geertjan krijgt een kleur. 'Niet echt.'

'Heb je een oogje op iemand?'

'En jij, papa?' vraagt Geertjan om zijn eigen verlegenheid te verbergen. 'Heb jíj een vriendin?'

Vader knikt naar moeder. 'Zíj blijft mijn grote vriendin.'

'Praatjesmaker,' zegt moeder blozend.

'Meen je dat?' vraagt Geertjan.

'Natuurlijk.'

Vader gooit zijn hoofd achterover en lacht. Hij is de enige.

Als vader en moeder samen koffie zitten te drinken, verdwijnt Geertjan naar zijn slaapkamer. Op zijn bureau ligt de kris. Hij trekt hem uit de schede en drukt hem tegen zich aan. Weer verspreidt een weldadige gloed zich golvend over zijn borst.

'Ik wil meer van je te weten komen,' fluistert hij. 'Ik wil Theo ontmoeten, maar ik heb geen rooie cent. Hoe kom ik aan geld?'

Met de kris nog steeds tegen zijn borst gedrukt, loopt Geertjan de trap af. Hij opent de deur van de huiskamer. Zijn ouders zitten dicht tegen elkaar aan. Geertjan ziet aan hun reactie dat hij ze gestoord heeft. Zonder dat hij het beseft, krijgt hij tranen in zijn ogen.

'Ik heb de kris van opa Bud gekregen, papa,' legt hij uit.

'Laat eens zien.' Zijn vader houdt de dolk in het licht van de lamp. 'De slang is er nog,' mompelt hij.

Geertjan kijkt. In het staal van het lemmet heeft de smid een lichtgolvende streep gesmeed. Net een slang die naar zijn schuilplaats onder een struik kronkelt.

'Weet jij wat die slang betekent?' vraagt vader.

'Nee.'

'Hij is het symbool van levenskracht.'

'Hoe weet jij dat?'

'Toen ik net zo oud was als jij, heeft mijn vader het mij verteld. Weet je van wie dit slurfje is?'

'Nee.'

'Van Ganesha, de god van de wijsheid bij de Hindoes.'

Vader geeft de kris weer terug.

'Wees er zuinig op, jongen.'

Geertjan knikt.

'Oom Eddie wilde hem hebben.'

Hij vertelt wat er bij de begrafenis van opa Bud gebeurd is. Zijn moeder valt hem geen enkele keer in de rede. Ze draait haar hoofd weer de andere kant op. Het lijkt of ze er niets mee te maken wil hebben.

'Eddie heeft recht op de kris, omdat hij de broer van opa is,' zegt vader als Geertjan zijn verhaal gedaan heeft.

'Ik hou hem bij me!' roept Geertjan.

'Natuurlijk jongen, Eddie heeft er op dit moment niets aan.'

'Er zat ook een briefje bij,' zegt Geertjan, 'hier.'

Zijn vader leest het briefje. 'Eddie heeft het wel eens over Theo gehad. Hij zat samen met hem en opa Bud in het Jappenkamp.'

'Heeft oom Eddie dan óók in het kamp gezeten?'

'Ja, ze werden met z'n drieën opgesloten in hetzelfde kamp, dacht ik. Het fijne weet ik er niet van. Ik kan het mis hebben.'

'Opa Bud heeft de kris dus in het jappenkamp van Theo gekregen,' zegt Geertjan.

'Best mogelijk.'

Vader kijkt op zijn horloge. 'Zo laat al? Ik moet gaan, ik heb een afspraak.'

Hij staat op, trekt zijn jas aan die hij over een stoel gegooid had, geeft moeder een vluchtige kus en loopt de gang in.

Geertjan volgt hem. Bij de voordeur pakt vader hem bij zijn nekvel. 'Braaf zijn, hè?'

'Ik ben je hondje niet.'

Vader laat hem los en lacht. Uit zijn jaszak haalt hij zijn portemonnee te voorschijn. Hij vouwt hem open, trekt er een biljet van vijftig euro uit en drukt het in de handen van Geertjan.

'Hier, niks tegen mama zeggen, hoor.'

Geertjan staart naar het geld. 'Waa... waarom?' stamelt hij.

'Ik had gisteravond een gelukje,' antwoordt vader. 'Koop er maar iets leuks voor.'

Hij stapt naar buiten. Geertjan kan nog steeds niet geloven dat hij zoveel geld in zijn hand heeft. Als hij een auto hoort starten en wegrijden, ontwaakt hij uit zijn verdoving. Hij zwaait, maar zijn vader draait de hoek al om.

5 Spijbelen

'Mijn zoon Geertjan kan vandaag niet op school komen, want
hij is ziek,' zegt Geertjan met een verdraaide stem in de hoorn
van de telefoon, 'wilt u het doorgeven aan meester Carel?'
De conciërge heeft er geen moeite mee. 'Beterschap met uw
zoon,' wenst hij vriendelijk.
'Zal ik doen,' zegt Geertjan. Hij legt de hoorn neer. 'Beterschap,'
fluistert hij tegen zichzelf.
Hij lacht zenuwachtig.

Geertjan heeft zijn plannetje voor vandaag klaar. Zijn moeder
is allang naar haar werk. Ze moet om halfnegen beginnen en is
al voor achten de deur uitgegaan. Zij komt dus nooit te weten
dat hij een dagje school zal missen. Missen? Dat zal wel meevallen. Het rekenwerk en het dicteetje die op het programma
staan, kan hij morgen best inhalen. Vandaag gaat hij met de
trein naar het centraal station van Arnhem en vandaar met de
bus door naar Bronbeek. Hij heeft de kris al in zijn rugzak
gestopt. De dolk past er net in. Alleen de greep steekt er een
stukje uit.
Over geld hoeft Geertjan zich geen zorgen te maken, want het

biljet van vijftig euro zit veilig opgeborgen in zijn portemonnee. Hij weet bijna zeker dat zijn vader het geld gewonnen heeft in het casino. Misschien stond oom Eddie naast hem aan de roulettetafel. Maar voor Geertjan is het een buitenkansje. Hij moet er alleen voor zorgen dat hij voor vier uur vanmiddag terug is, want dan komt moeder thuis.

Als Geertjan op zijn fiets stapt, voelt hij de spanning in zijn buik. Hij hoopt dat hij onderweg naar het station geen vader of moeder van een klasgenoot tegenkomt. Wat moet hij dan zeggen? Niks. De meeste ouders kennen hem niet eens en zullen zijn moeder nooit ontmoeten. De kans dat hij gesnapt wordt, is heel klein.

Geertjan fietst stevig door en is binnen een halfuur bij het station in Tilburg. Voor alle zekerheid zet hij zijn fiets in de bewaakte stalling. Hij wil niet riskeren dat zijn fiets gestolen wordt, want dan zit hij in de problemen. Per slot van rekening heeft hij geld genoeg om de stalling te betalen.
'Een retourtje Arnhem,' zegt hij losjes tegen de lokettiste. 'En een strippenkaart.'
'Dagje dierentuin?' informeert ze vriendelijk.
Geertjan knikt.
'Vrij vandaag?' vraagt ze.
'De meester heeft griep,' zegt Geertjan. Hij voelt dat liegen hem niet goed afgaat. Een blos kruipt vanuit zijn nek omhoog.

'Er is natuurlijk weer geen invalkracht,' zegt de lokettiste
hoofdschuddend. 'Maar in de dierentuin kun je gelukkig ook
veel opsteken.'
Vlug pakt Geertjan zijn wisselgeld en zijn kaartje. Hij ziet op
het gele bord dat zijn trein om negen minuten over negen vanaf perron 1 vertrekt. Hij heeft tijd genoeg, maar toch rent hij
de stationshal door. Op het perron is het druk. Geertjan kijkt
om zich heen. Hij ziet gelukkig geen bekende gezichten.

Met piepende remmen komt de trein tot stilstand. De deuren
suizen open. Geertjan kiest een plaatsje bij het raam. Zijn rugzak zet hij naast zich neer, zodat hij de bank voor zichzelf
alleen heeft.
Schokkend zet de trein zich in beweging. Geertjan voelt dat
zijn portemonnee nog in zijn jaszak zit. Hij kijkt op zijn horloge: bijna kwart over negen. In de klas zijn ze nu aan het reke-
nen. Misschien staat William voor het bord te zweten op een
deelsom. Deze keer hoeft hij niet bang te zijn voor de kris.
Geertjan grinnikt. Hij begint zich steeds prettiger te voelen,
een dagje spijbelen is zo gek nog niet. Wie weet wat hij vandaag allemaal over de kris te weten komt?
De trein stopt in 's Hertogenbosch, in Oss en in Nijmegen.
Geertjan kijkt uit het raam. Hij ziet een brede rivier. Dit moet
de Waal zijn, denkt hij. Die groene stroken aan weerskanten
van het water zijn natuurlijk de uiterwaarden. Zo, de aardrijks-
kundeles heb ik ook weer gehad, meester mag trots op me zijn.

De deur schuift open en er komt een smal karretje binnenhob-
belen. Erachter verschijnt een grote, blozende man. De vader
van William? denkt Geertjan lacherig. De andere passagiers
besteden geen aandacht aan de man. De meneer tegenover
Geertjan bladert in zijn krant. De dame aan de andere kant van
het gangpad zit te knikkebollen. De jongeman naast haar
staart met zijn mobieltje in zijn hand uit het raam. Tegenover
hem zit een meisje hard te studeren in een boek dat wel een
decimeter dik is.

De man rijdt zijn karretje naar het midden van de coupé.
Geertjan ziet aan de afbeeldingen op het karretje dat hij koffie,
thee, koeken en nog veel meer verkoopt. Die koeken zien er
smakelijk uit.

Ik kan er best een kopen, denkt Geertjan, geld genoeg.

Plotseling doet de man van het karretje een stap achteruit. Hij
gaat wijdbeens staan en spreidt zijn armen alsof hij van plan is
alle passagiers tegelijk te omhelzen. Zijn stem schalt door de
stille coupé: 'O solo mio!'

De meneer tegenover Geertjan frommelt zijn krant ineen, de
dame schrikt wakker, de jongeman kijkt met grote angstogen in
de richting van het gezang en de studente is ineens uitgestu-
deerd.

De man lacht vriendelijk. 'Ik ben vandaag uw railtender. Wilt u
koffie of iets anders?' vraagt hij, terwijl hij knipoogt naar
Geertjan.

'Mag ik een koek?' vraagt Geertjan.

'Natuurlijk, jongeman, welke?'

'Die met die roze bovenkant.'

'Goede keuze.'

Als Geertjan van zijn koek zit te genieten, hoort hij in de andere coupé: 'O solo mio!'

Dit maak je op school niet mee, denkt hij. Stel je voor dat meester Carel elke morgen begint met een deuntje en op koek trakteert. Kan hij eigenlijk wel zingen?

De trein begint af te remmen. 'We naderen station Elst,' klinkt uit de luidspreker. 'Deze trein zal hierna nog verderrijden naar Arnhem, Dieren, Zutphen met als eindstation Zwolle.'

Als de trein na een korte stop in Elst weer vaart maakt, schuift de andere deur van de coupé open. De conducteur komt binnen.

'Goedemorgen,' wenst hij de reizigers opgewekt, 'uw vervoersbewijzen, alstublieft.'

Geertjan pakt zijn portemonnee en trekt zijn kaartje eruit. De conducteur is snel bij hem. Hij bekijkt het kaartje vluchtig en zet er werktuiglijk een stempel op. Als hij weg wil lopen, valt zijn oog op de rugzak van Geertjan. 'Wat heb je daar bij je, jongeman?'

'Mijn rugzak.'

'Ik bedoel dit ding hier.'

De conducteur pakt de greep van de kris beet, maar laat meteen weer los. 'Het lijkt of dat ding in brand staat!' roept hij.

De andere passagiers krijgen belangstelling voor het gesprekje tussen Geertjan en de conducteur. De meneer tegenover hem laat zijn krant zakken, de jongeman draait zijn hoofd weg van het raam, de studente gluurt boven haar boek uit. Alleen de mevrouw blijft rustig doorslapen.

'Dit is de... de kris van mijn opa.'

De conducteur knikt langzaam. 'Dat is toch zo'n Indonesische dolk?'

'Ja.'

'Mijn oom heeft er een paar boven de schouw aan de muur hangen. Maar... jij bent in overtreding, jongeman.'

'Wat... wat bedoelt u? De meester is echt ziek, ik ga naar de dierentuin, ik...'

'Het is streng verboden wapens mee te nemen in de trein,' zegt de conducteur afgemeten. 'Vorige week is nog een collega van mij door een zwartrijder in zijn buik gestoken. Hij ligt zwaargewond in het ziekenhuis.'

'Maar het is de kris van mijn opa!'

'Waarom heb je die dolk bij je? Om in de dierentuin een krokodil te slachten, soms?'

De conducteur lacht kort, maar het klinkt niet vrolijk.

Geertjan kijkt de andere passagier een voor een aan. Maar hun strakke gezichten zeggen dat hij van hen geen hulp hoeft te verwachten.

'Ik... ik heb hem gewoon bij me,' zegt Geertjan. Dat is natuurlijk een verkeerd antwoord. 'Ik wil ook nog naar museum Bronbeek. Misschien...'

De conducteur pakt zijn mobieltje al.

'Op het station van Arnhem moet ik je overdragen aan de spoorwegpolitie,' zegt hij alsof hij dit zinnetje uit zijn hoofd geleerd heeft.

'Maar ik heb niks gedaan!' roept Geertjan.

'Zeg dat maar tegen de politie, jongeman. Ik kan je niet zomaar met een dolk door de stationshal laten dwalen. Je bent oud genoeg om dat te begrijpen.'

Geertjan zucht. De andere passagiers wisselen blikken van verstandhouding. Ze zijn het met de conducteur eens. Logisch, denkt Geertjan, het was stom van me de greep van de kris uit mijn rugzak te laten steken. Dat is vragen om moeilijkheden. De politie zal natuurlijk alles van me moeten weten: waar ik vandaan kom, waarom ik niet op school zit, waarom ik met een kris op reis ben, wie ze moeten waarschuwen. Mama zal zich een ongeluk schrikken. Het ergste is dat de politie de kris in beslag neemt. Nooit zal ik er achterkomen wat er tussen Theo, opa Bud en oom Eddie in het Jappenkamp gebeurd is, óf ertussen die drie wel iets gebeurd is en wat de kris daarmee te maken heeft.

De conducteur drukt zijn mobieltje tegen zijn oor. Ik moet weg, denkt Geertjan, maar hoe kom ik die trein uit?

Plotseling komt er iemand naast de conducteur staan. Geertjan kijkt recht in het magere gezicht van oom Eddie.

53

6 De achtervolging

'Die kris is van mij!' schreeuwt oom Eddie. 'Die jongen heeft hem van me gestolen!'
De conducteur kijkt op. 'Wie bent u?'
Oom Eddie geeft geen antwoord. Hij duwt de conducteur opzij. 'Geef terug!'
Geertjan ziet dat oom Eddie wallen onder zijn ogen heeft. Zijn gezicht is lijkwit en zijn lippen zijn zo droog dat er diepe kloven inzitten.
Er ontstaat paniek in de coupé. De conducteur valt tegen de studente aan. Van schrik laat zij haar studieboek los. Met een klap komt het op de vloer terecht. Oom Eddie wil de kris pakken, maar Geertjan is sneller. Hij grist de rugzak onder zijn grijpende vingers vandaan en klimt over de bank tegenover hem. De deur van de coupé schuift weer open. De railtender komt terug. 'O solo mio!' zingt hij, maar niemand heeft aandacht voor hem. 'Wat is hier aan de hand?' vraagt hij.
Geertjan springt het gangpad op. Hij voelt de warmte van de kris door zijn rugzak heen.
Piepend en blazend als een kwaadaardige kat mindert de trein vaart. Station Arnhem, denkt Geertjan. Hij rent langs de con-

ducteur naar de volgende coupé. 'Houd de dief!' roept de conducteur. Hij krabbelt overeind, maar het karretje van de zingende railtender bonkt tegen zijn rug. Hij valt meteen weer. Oom Eddie staat aan de andere kant van het karretje. Hij kan er niet langs komen. Het lijkt of hij met het karretje een exotische dans uitvoert. De koffiekan rolt er vanaf, bekertjes en lepeltjes in zijn val meeslepend. De railtender ziet het met open mond gebeuren. Hij zwijgt in alle talen.

'Houd de dief!' roept de conducteur weer. Hij zet de achtervolging in.

Met een schok komt de trein tot stilstand. Geertjan bevindt zich in de ruimte tussen twee treinstellen. Struikelend als een dronkeman zoekt hij steun aan de zijkanten. Waar kan hij eruit? Hij rent door de eerste klas coupé, nog steeds achtervolgd door de conducteur.

Het is oom Eddie eindelijk gelukt zijn dans met het karretje te beëindigen en rent langs de sprakeloze railtender.

Geertjan is inmiddels bij het halletje van de buitendeuren terechtgekomen. Hij drukt op de knop, maar de deuren blijven gesloten.

'Even wachten tot de trein helemaal stilstaat, jongeman,' zegt een meneer vriendelijk.

Geertjan drukt zijn voorhoofd tegen het koele glas. Zijn hijgende adem vormt een groeiende beslagen plek. Opschieten, denkt hij, opschieten.

Langzaam wordt het perron van Arnhem zichtbaar. Weer drukt

Geertjan op de rode knop. Nu suizen de deuren open en een koude luchtstroom komt hem tegemoet. Even aarzelt hij. Met een schreeuw springt hij uit de trein.

'Het lijkt of hij achternagezeten wordt,' zegt de meneer tegen de reizigers die ook moeten uitstappen.

'Waar is die jongen?' vraagt de conducteur.

De meneer wijst. 'Buiten.'

Rennend over het perron kijkt Geertjan achterom. De conduc-

teur verschijnt in de deuropening. Achter hem doemt oom Eddie op.

'Stop! Je maakt het alleen maar erger voor jezelf!' roept de conducteur.

'Ik bén geen dief!' hijgt Geertjan. 'De kris is van mij!'

'Je liegt!' schreeuwt oom Eddie.

'Kom terug!' In de stem van de conducteur klinkt een mengeling van bezorgdheid en woede. Geertjan dénkt er niet over. Hij rent naar de uitgang van het station. Niemand houdt hem tegen.

Hij kijkt op zijn horloge. Het is bijna kwart over tien. Nu moet hij lijn 1 zien te vinden.

Als Geertjan buiten staat, ziet hij dat het stationsplein veranderd is in een enorme bouwput. Verroeste buizen waar hij met gemak doorheen kan kruipen, worden haaks op elkaar aangesloten. Twee hoge gele kranen zwaaien er langzaam boven. Ze lijken naar prooi te zoeken. Kleine mannetjes met helmen op lopen tussen de buizen door.

Hoe kan hij in deze rotzooi buslijn 1 vinden? Hij klampt een mevrouw aan.

'Lijn 1 is vanwege de aanleg van een nieuw stationsplein verplaatst naar de overkant van de weg, jongeman. Kijk, daar!' Geertjan volgt haar uitgestoken wijsvinger. Hij ziet het gele bordje langs de kant van de weg staan.

'Dank u.' Weg is hij.

Terwijl Geertjan naar de bushalte rent, kijkt hij een paar keer wantrouwig achterom. Gelukkig is er geen spoor van zijn achtervolgers. Waar kwam oom Eddie ineens vandaan? vraagt hij zich af. Is hij hem vanaf zijn huis gevolgd? Dan had hij wel eerder zijn slag kunnen slaan. Maar hij heeft die nare kerel mooi van zich afgeschud.

Het gele bord geeft hem de informatie die hij nodig heeft:

lijn 1 ri. Velp.
- *Velperplein*
- *Velperweg*
- *Bronbeek*
- *Velp centrum*
- *Velp Noord*

'Yes!' roept Geertjan opgelucht.

De bus vertrekt over vijf minuten, leest hij op de dienstregeling. Vijf lange minuten wachten. Hij verstopt zich in een portiek achter een pilaar, zodat niemand hem vanaf het station kan zien. De kris gloeit tegen zijn borst. Ik hoop dat Bronbeek mijn moeite waard is, denkt hij.

Zo stil als de limousine van een filmster glijdt de trolleybus naar de kant van de weg.

'Halte Bronbeek,' zegt Geertjan tegen de chauffeur.

Hij laat de strippen afstempelen. Het zijn er maar twee, dus Bronbeek kan nooit ver weg zijn.

'Wilt u mij waarschuwen als ik moet uitstappen?'

De chauffeur knikt.

Met een zucht laat Geertjan zich op een bank vallen. De rode leren bekleding zucht mee. De chauffeur kijkt op zijn horloge en slaat zijn krantje open. Schiet nou op, denkt Geertjan, terwijl hem het angstzweet uitbreekt. Hij tuurt in de richting van het station.

Meteen kijkt hij weer voor zich en maakt zich zo klein mogelijk. Zijn hart begint wild te kloppen, want bij de uitgang heeft hij de lange gestalte van oom Eddie ontdekt.

De chauffeur legt zijn krantje weg, verstelt zijn stoel, draait zijn achteruitkijkspiegel wat bij, kijkt eerst naar links en vervolgens naar rechts en start eindelijk de bus. Dat is net op tijd, want oom Eddie beent met grote stappen op de halte van lijn 1 af.

Geertjan laat zich van zijn bank glijden. Enkele passagiers kijken verbaasd zijn kant op. Geertjan lacht schaapachtig naar hen. 'Iets laten vallen,' mompelt hij.

Als de bus de weg opdraait, durft Geertjan weer rechtop te gaan zitten. Hij kijkt door de achterruit. Oom Eddie staat de dienstregeling te bestuderen. ◖

7   Theo?

Geertjan kijkt op zijn horloge. Het is een paar minuten voor halfelf. Nog tijd genoeg dus. Hij moet er alleen voor zorgen dat hij rond halftwee weer in de trein naar Tilburg zit. Kan hij straks gewoon met de trein terug? Waarschijnlijk is zijn signalement al aan alle stations doorgegeven en is de politie naar hem op zoek.

Het zou wel heel toevallig zijn als ze mij tussen al die reizigers eruit pikken, stelt Geertjan zichzelf gerust. Maar hij voelt zich niet helemaal op zijn gemak. Bovendien moet hij oom Eddie ook nog zien te ontlopen.

De bus stopt weer. Een paar mensen stappen in. 'Indonesisch restaurant Batavia,' leest Geertjan. Ik kom al in de sfeer, denkt hij. De bus zet zich geluidloos in beweging. Na een paar honderd meter stopt hij weer bij een halte. De klok van een kerktoren wijst halfelf aan. Waarom blijft die bus zolang stilstaan? vraagt Geertjan zich af. Oom Eddie is allang tot de conclusie gekomen dat ik met de kris onderweg ben naar Bronbeek. Als hij een taxi pakt, is hij er eerder dan ik. Staat hij me naast het borstbeeld van Willem III op te wachten.

De trolleybus rijdt kalm het centrum uit. Langs de weg ziet

60

Geertjan statige villa's met mooi aangelegde tuinen. De namen van de straten klinken ook voornaam: Esperantolaan, Vondellaan.

'Halte Bronbeek!' roept de chauffeur dwars door zijn gedachten heen.

Geertjan staat op. 'Bedankt.'

'Doe de ouwetjes de groeten van me,' lacht de chauffeur.

Aan de overkant van de weg ligt Bronbeek. Het is een indrukwekkend gebouw. Het grote, witgrijze huis ligt met zijn bijgebouwen in een glooiend groen landschap. Het is meer een paleis dan een landhuis, maar dat zal wel de bedoeling van Willem III geweest zijn, denkt Geertjan. Hij loopt langs het hek en passeert twee kanonnen die hun loop dreigend op hem gericht houden. Op de hoek is een poort die toegang geeft tot een geasfalteerde oprijlaan die een ruime bocht maakt naar het tehuis toe.

Bij de ingang van het museum verwelkomen twee stenen leeuwen hem. De roofdieren staan rechtop en houden het wapenschild van de Staat der Nederlanden trots tussen hun klauwen geklemd.

De mevrouw achter de kassa heeft een Indonesisch uiterlijk. Ze glimlacht vriendelijk naar hem.

'U bent de eerste bezoeker vandaag,' zegt ze, terwijl ze hem het toegangskaartje geeft. 'Dat is één euro vijftig.'

Geertjan pakt zijn portemonnee en schuift het geld naar haar toe. 'Woont hier ook ene Theo?' vraagt hij.

De mevrouw kijkt hem niet-begrijpend aan. 'In een museum wonen geen mensen, vent.'

'Maar dit is toch ook een militair tehuis?'

'Dat klopt, maar jij hebt alleen toegang tot het museum. Zal ik iemand voor je bellen die je meer informatie kan geven?'

'Graag.'

De mevrouw toetst een nummer in en wacht. Het duurt lang. 'Misschien kun je even in het museum rondlopen,' stelt zij voor, 'het is de moeite waard. Als ik iemand vind, stuur ik hem wel naar je toe.'

'Dat is goed.'

Geertjan loopt langs de kassa en komt terecht in een lange, smalle gang. Er liggen antieke kanonnen. Op een kaart staat vermeld dat dit de grootste verzameling van monsterkanonnen ter wereld is. Ze zijn inderdaad enorm. Hoe verplaatste men vroeger zo'n kanon? vraagt Geertjan zich af. Met paard en wagen? Een van de pronkstukken is bij het mondstuk als een bloem opengebarsten. "Geraakt door een voltreffer", staat erbij vermeld. Een andere kanon heet "De zuigeling", omdat het gevaarte zich met zijn gewicht van 7000 kilo steeds in de modder zoog.

Geertjan slentert verder. Hij komt weer in de hal terecht. Hij houdt zijn rugzak met de kris erin nog steeds tegen zijn borst. In de hal staat een vitrinekast. Er liggen tientallen krissen:

Javaanse krissen, Balinese krissen, Madoerese krissen, Sumatraanse krissen. De schedes en heften zijn prachtig versierd. Daarbij steekt de eenvoud van zijn eigen kris schril af. 'Jouw rijke familie,' fluistert Geertjan. Zijn borst begint weer weldadig te gloeien. Hij haalt de kris uit zijn rugzak. 'Kijk maar.'

Boven de vitrine hangt een kaart. Geertjan leest:

Het krislemmet wordt uit twee soorten metaal vervaardigd: ijzer en nikkel. Het nikkel werd oorspronkelijk gewonnen uit gevonden meteorieten. Het mengen van hemels en aards metaal heeft bijgedragen aan de mystiek rond de kris.

Plotseling wordt hij op zijn schouder getikt. Zijn hart slaat een slag over. Hij draait zich langzaam om en ziet een volle, grijze baard. Daarboven krult een vriendelijke glimlach. 'Spannend, hè?'

'Theo?' vraagt Geertjan.

De man knikt. 'Theo? Ja... ja.'

Nu ziet Geertjan dat de man een zwart uniform met glimmende knopen draagt. Op zijn borst prijkt een rij glinsterende medailles netjes in het gelid. Theo trilt een beetje en de medailles tinkelen vrolijk mee. Hij heeft een pet op zoals een stationschef, maar dan zwart. Die pet en die baard maken Theo krijgshaftig, maar tegelijk verschrikkelijk oud. Een museumstuk.

'Ik hoorde dat u me zoekt, jongeheer.'

Geertjan steekt zijn hand uit. 'Ik ben Geertjan, de kleinzoon van Bud.'

'Bud? Ja...ja,' zegt Theo, terwijl hij nog meer begint te trillen. 'Kom mee.'

Geertjan loopt naast Theo de gang door.

'Ondingen,' zegt Theo. Hij wijst naar de kanonnen.

'Meer mooi dan effectief.'

Geertjan snapt niet helemaal wat Theo bedoelt, maar hij laat het zo. Hij is per slot van rekening niet voor de kanonnen gekomen.

Theo stopt voor een stuk rails van anderhalve meter lang. 'De

Pakan-Baroe spoorweg,' zegt hij met een bibber in zijn stem.
'Als je niet eerbiedig genoeg boog voor de Jap, kreeg je een
stoot met de kolf van zijn geweer. Heel mijn kakement kapot.
Ik kan de losse botjes nog voelen. Smerige Jap.'
'U heeft toch samen met opa Bud in het kamp gezeten?' zegt
Geertjan.
'Kamp? Ja...ja, verschrikkelijk. We kregen bijna niets te eten.
De hele dag was ik bezig voedsel te vangen: spinnen, slakken,
vliegen en larven. Een veldmuisje was al een lekkernij, waar we
om vochten. Gelukkig mocht ik af en toe de gamellen uitschra-
pen, omdat ik de jongste van onze barak was.'
Geertjan laat de kris aan Theo zien. 'Deze kris heeft u aan opa
Bud gegeven, weet u nog?'
Theo pakt de kris aan en drukt hem tegen zijn borst. Hij krijgt
tranen in zijn ogen. 'Gezegend is de Javaan die een huis, een
vrouw, een zangvogel en een kris bezit,' fluistert hij.
'Dit briefje heeft u hem geschreven.'
Geertjan leest het briefje voor. Theo knikt.
'Mooie brief, ja... ja.'
'Opa Bud is pasgeleden gestorven. Ik heb nooit met hem kun-
nen praten,' zegt Geertjan. 'Oma zegt dat de oorlog in zijn
hoofd is blijven zitten. Misschien wilt ú over hem vertellen.'
'Vertellen? Ja... ja,' zegt Theo. Hij schuifelt voor Geertjan uit
naar het restaurant van het museum. 'Wil je iets drinken?'
'Cola.'
Theo neemt een glas thee.

Als ze tegenover elkaar aan een tafeltje zitten, vraagt Theo: 'Moet jij niet op school zijn?'

Verlegen bestudeert Geertjan de inhoud van zijn glas. 'Ik ben ziek.'

'Zogenaamd ziek,' zegt Theo. Hij gaat met zijn hand door zijn baard. 'Je spijbelt. Zeg het maar eerlijk: je spijbelt.'

Geertjan knikt.

'In het kamp kreeg je voor het minste vergrijp al straf,' zegt Theo. 'Heb jij ooit acht volle uren stokstijf in de brandende zon gestaan?'

Geertjan schudt met zijn hoofd. 'Gelukkig niet. Dat hoeven we nooit bij meneer Carel.'

'Ik wel. Daarom zie ik nog maar heel weinig,' zegt Theo. 'Je moest rechtop blijven staan, en als je flauwviel, werd je weer overeind geschopt. Verschrikkelijk was het in het kamp. Vooral als de Kempetai de appèlplaats op marcheerde, kreeg iedereen het doodsbenauwd.'

'Kempetai?' Het klinkt als een oosterse vechtsport, denkt Geertjan.

'De Japanse geheime politie, vriendjes van de Duitse Gestapo,' legt Theo uit. 'Dezelfde schurken, dezelfde sadisten. Ze kwamen de barakken binnen en sleepten mannen weg voor verhoor. Áls ze terugkeerden, waren ze veranderd in menselijke wrakken. Als ze terugkeerden, ja... ja. Dat was een lotje uit de loterij.'

'Hoe was opa Bud in het kamp?' vraagt Geertjan.

Theo trekt de kris uit de schede en strijkt langs de golven op dezelfde manier als Geertjan ook doet. 'Heb je al iets bijzonders meegemaakt met deze kris?' vraagt hij.

Geertjan vertelt over het gloeiende gevoel in zijn borst en de vurige gebeurtenissen in de klas. Theo glimlacht.

'Heeft u veel met opa Bud gepraat?' vraagt Geertjan.

'Opa Bud?'

Geertjan zucht. Theo is al zo oud dat hij af en toe niet meer weet waar hij het over heeft, denkt hij. Dat geeft niet. Hij zal het geheugen van de man even opfrissen. 'Opa Bud was uw jeugdvriend. U heeft samen met hem in het Jappenkamp gezeten.'

'Jappenkamp? Ja... ja,' fluistert Theo, 'de Pakan-Baroe spoorweg op Sumatra, je raakt het nooit meer kwijt.'

'Dat begrijp ik,' zegt Geertjan.

'Je liegt!' schreeuwt Theo. 'Niemand kan iets begrijpen van de ellende die we daar meegemaakt hebben.'

Van schrik verslikt Geertjan zich in zijn cola. Hoestend komt hij half overeind. Druppeltjes cola sproeien over het tafeltje heen.

'Dat komt er nou van,' lacht Theo.

Een serveerster komt met een vaatdoekje aanlopen. Ze veegt het tafeltje schoon. 'Wil je die dolk even weghalen, jongen?'

Geertjan doet het en gaat zitten. Hij legt de kris niet terug, maar houdt hem in zijn hand.

'Lukt het weer?' vraagt het meisje. Geertjan knikt.

'Hij is toch niet geschrokken van uw verhalen, meneer Van Voorn?'

Theo hoort haar niet.

'Op 30 maart 1945 liep een locomotief uit de rails,' fluistert hij, 'sabotage. Tien gevangenen kregen de doodstraf. Zinloos, na vier maanden kon er door de overstromingen geen trein meer door het oerwoud rijden. De rails zakten weg in de modder. Er heeft nooit meer een trein over de Pakan-Baroe spoorweg gereden. Zinloos.'

De serveerster schudt langzaam met haar hoofd. 'Die verhalen kan ik dromen. Is meneer Van Voorn je opa?'

'Nee, hij heeft mijn opa gekend,' antwoordt Geertjan.

'Moet je niet op school zijn, jongeman?' vraagt Theo. Hij kijkt Geertjan doordringend aan.

'Dat... dat heeft u toch al gevraagd?' stottert Geertjan.

De serveerster draait zich glimlachend om naar de deur. 'Kan ik u soms helpen, meneer?'

'U niet!' klinkt de stem van oom Eddie. 'Maar die jongen wel.'

8 Raadsels

De serveerster haalt haar schouders op en loopt weg.
Langzaam, op zijn hoede, komt oom Eddie naar het tafeltje
toe. Geertjan zit onbeweeglijk op zijn stoel. Dit moest vroeg of
laat gebeuren. Theo komt kreunend overeind. Hij recht zijn
rug. Zijn medailles laten hun vrolijke muziekje weer horen. 'Ik
stap maar weer eens op,' zegt hij, 'dag jongeman.'
Hij steekt zijn hand uit.
Geertjan kijkt van Theo naar oom Eddie. Tussen hen in ziet hij
de uitgang van het restaurant. De serveerster is glazen aan het
poetsen. Dat doet ze grondig. Ze is zich van geen kwaad
bewust.
'Dit is Theo,' zegt Geertjan vlug, terwijl hij de hand van de oud-
strijder vastpakt.
Oom Eddie zet grote ogen op van verbazing. Ze zijn bloeddoor-
lopen, ziet Geertjan. Gesprongen adertjes.
'Theo?'
Geertjan knikt, laat de hand van Theo los, grist de kris van
tafel en rent naar de deur. Zijn opzetje is geslaagd. Oom Eddie
was door zijn opmerking over Theo zo in de war gebracht dat
hij even zijn waakzaamheid verloor.

Geertjan rent verder langs de monsterkanonnen. Oom Eddie
achtervolgt hem. Theo en de serveerster staren hen verwon-
derd na.

De voorsprong van Geertjan is maar klein en de benen van oom
Eddie zijn lang. Maar de benen van Geertjan zijn jong en die
van oom Eddie oud. Stokoud. Toch hoort Geertjan zijn hijgende
ademhaling vlak achter zich. 'Stop nou toch eens. We moeten
pra... praten. Ik... Aaah!'

Die kreet jaagt de rillingen langs de rug van Geertjan. Rennend
kijkt hij achterom. Oom Eddie ligt op de grond en grijpt naar
zijn enkel. In zijn vaart is hij over een van de ronde uitsteek-
sels van "De zuigeling" gestruikeld.

'Help me toch!' gilt hij met een van pijn vertrokken gezicht.
Twijfelend houdt Geertjan zijn pas in. Wat moet hij doen? Als
hij nu wegrent, krijgt oom Eddie hem niet te pakken. Maar er
ligt daar wel een oude man te kreunen van de pijn. Theo en de
serveerster zullen wel voor hem zorgen. Maar je weet nooit
welk verhaal oom Eddie hen op de mouw spelt. Misschien halen
ze de politie erbij, nog meer problemen.

'We moeten praten, Geertjan! Luister naar me! Alsjeblieft!'
Oom Eddie probeert overeind te komen, maar hij glijdt kreunend weer terug. Theo en de serveerster helpen hem.

'Alsjeblieft, Geertjan, bevrijd me van die verschrikkelijke pijn!'
Geertjan staart naar de drie personen bij het monsterkanon.
Oom Eddie kijkt hem, ondersteund door Theo en de serveerster,
smekend aan. Hij bedoelt niet de pijn aan zijn enkel, maar een

andere pijn, gaat het door Geertjan heen. Zijn benen leiden hem automatisch terug naar oom Eddie.

Ze zitten met z'n drieën om het tafeltje. De serveerster heeft een stoel onder de voet van oom Eddie geschoven, zijn schoen en sok voorzichtig uitgetrokken en een zak met ijsblokjes op zijn pijnlijke enkel gelegd. Een kopje koffie staat voor hem op tafel. Geertjan krijgt een glas cola, Theo hoeft niks.
'Oude mensen drinken niet veel meer, behalve een borreltje,' mompelt hij. Hij knipoogt naar de serveerster.
'Daar is het te vroeg voor, meneer Van Voorn,' zegt ze. 'Verder nog iets van uw dienst?' vraagt ze aan oom Eddie.
Hij schudt zijn hoofd. 'U heeft al genoeg gedaan, dank u.'
De serveerster knikt. 'Jullie houden het toch wel rustig, hè?'
'Ja, u hoeft u geen zorgen te maken,' antwoordt Theo.
'U bent Theo niet,' fluistert oom Eddie.
'Hij kent opa Bud en hij heeft verhalen over het Jappenkamp verteld,' zegt Geertjan.
Theo knikt. 'Smerige Jappen.'
'En wat heeft hij over opa Bud verteld?' vraagt oom Eddie.
Geertjan moet toegeven dat Theo het eigenlijk niet over opa Bud gehad heeft. Zijn verhalen gingen over zijn eigen belevenissen in het kamp.
'Hij kan Theo niet zijn,' zegt oom Eddie.
Geertjan ziet dat er tranen in zijn ogen verschijnen.
'Hij kan Theo nooit zijn!' roept oom Eddie. 'Hij kan...'

Een snik begraaft de rest van zijn woorden.

De serveerster kijkt op.

'Waarom niet?' vraagt Geertjan.

'Omdat Theo... omdat Theo dood is.'

Geertjan sluit zijn ogen even. Hij snapt er niets meer van. Met wie heeft hij dan al die tijd zitten kletsen? Hij opent zijn ogen weer en kijkt de oud-strijder naast hem aan. 'Wie bent u?'

'Hè?'

'Als u Theo niet bent, wie bent u dan wel?'

Meneer Van Voorn schuift zijn stoel naar achteren, springt in de houding en salueert. 'Adjudant Van Voorn, derde bataljon der infanterie van het Koninklijk Nederlands Indisch leger!' stelt hij zichzelf met krachtige stem voor.

De serveerster knikt. 'Mooi gezegd, meneer Van Voorn.'

'Dus u hebt Theo en mijn opa nooit gekend?' zegt Geertjan.

De serveerster komt achter de bar vandaan. 'Meneer Van Voorn raakt niet uitgepraat over de oorlog in Indië,' zegt ze, 'daarom mag hij bezoekers rondleiden in het museum.'

'Ik dacht dat hij Theo, de beste vriend van mijn opa was.'

'De laatste jaren is meneer een beetje aan het dementeren,' fluistert de serveerster. Stiekem maakt ze het bekende gebaar langs haar voorhoofd. 'Maar hij blijft een aardige oude baas. Vandaar dat ze hem op jou afgestuurd hebben.'

Oom Eddie staart naar de kris die voor Geertjan op de tafel ligt. Hij wil hem pakken, maar Geertjan is vlugger. Hij drukt de dolk tegen zijn borst. 'Afblijven!'

'Vergeef me,' zegt oom Eddie zacht. Met uitpuilende ogen staart hij naar de kris, 'vergeef me, alsjeblieft.'

'Wat?' vraagt Geertjan.

Oom Eddie kijkt hem aan. Nog nooit heeft Geertjan zo'n bedroefd gezicht gezien. Dit is de verschrikkelijke pijn waar hij het net over had, denkt hij.

'Vergeef me,' fluistert oom Eddie weer. 'Moet ik mijn hele leven met die pijn blijven rondlopen?'

'Ja,' zegt meneer Van Voorn, 'je blijft er je hele leven mee rondlopen. Dat is de schuld van de Jappen. Daarom vertel ik, vertel ik alles wat ik onthouden heb.'

'Misschien moet u dat ook doen, oom Eddie?' zegt Geertjan. 'Gewoon alles vertellen.'

'Het ligt als een steen op mijn geweten,' zegt oom Eddie. 'Na die verschrikkelijke gebeurtenis heeft mijn broer nooit meer met me willen spreken. En nu kan het niet meer.'

Geertjan voelt geen angst meer voor oom Eddie, alleen medelijden. Hij trekt de kris uit de schede. 'Waarom wilde u de kris van mij stelen?'

Oom Eddie zucht. 'Het is de kris van Theo.'

'Die kris weet meer dan wij samen,' zegt meneer Van Voorn.

'Wat bedoelt u?' vraagt Geertjan.

Meneer Van Voorn wijst naar oom Eddie. 'Ik voel dat de kris u afstoot. U bent de enige die ons kan vertellen waarom hij u haat.'

'Ik moet de kris in mijn bezit hebben om hem te vernietigen,' zegt oom Eddie, 'hij moet voor eens en voor altijd uit mijn leven verdwijnen.'

Meneer Van Voorn schudt wild met zijn hoofd. De medailles protesteren mee. 'Dat mag u niet doen, zo komt u nooit van uw schuldgevoel af.'

Oom Eddie slaat zijn handen voor zijn gezicht. 'Ik heb hem verraden. Ik heb hem verraden!'

Hij grijpt weer naar de kris. Het lemmet wordt plotseling roodgloeiend. Meteen trekt oom Eddie zijn hand weer terug.

'Ik heb Theo verraden, maar ik kon niet anders,' zegt hij.

Geertjan steekt de kris in de schede terug.

'De kris gelooft u niet, Eddie,' zegt meneer Van Voorn. 'U heeft gedreigd hem te vernietigen.'

'Dat meende ik ook!'

'Nu weet de kris niet meer waar hij aan toe is,' gaat meneer Van Voorn verder, 'u moet duidelijkheid scheppen.'

'Ik wil uw verhaal ook horen,' zegt Geertjan, 'daar heb ik recht op.'

Oom Eddie knikt langzaam. 'Ik ben me ervan bewust dat ik jou een verklaring schuldig ben, Geertjan, maar het valt me moeilijk. Daar moet je begrip voor hebben.'

'Begrip?' schreeuwt Geertjan met overslaande stem. 'Begrip? Ik spijbel van school, ik word beschuldigd van diefstal, ik vlucht uit de trein en de politie zoekt me. Als ik straks thuiskom, heb ik ruzie met mijn moeder, omdat ik veel te laat ben. Dankzij u is mijn vader verslaafd aan gokken en leven mijn ouders gescheiden. Ik heb er recht op te weten wat er gebeurd is tussen opa Bud, Theo en u.'

'Mooi gezegd,' mompelt meneer Van Voorn.

De serveerster poetst niet meer, maar steunt met haar ellebogen op de bar. Haar handen heeft ze onder haar kin gevouwen. Dit verhaal wil ze niet missen.

'Dus ik moet wel,' fluistert oom Eddie.

'Ja,' klinkt het driestemmig.

9 Kampleven

Oom Eddie buigt zich naar voren. 'Op 15 mei 1944 vertrokken
we per boot vanuit Tandjong Priok op Java naar Sumatra,' zegt
hij. 'We werden door de Japanners als krijgsgevangenen te werk
gesteld bij de aanleg van de Pakan-Baroe spoorweg op
Sumatra.'
Geertjan kijkt meneer Van Voorn aan. Die naam heeft hij vandaag meer gehoord.
'De helft van de schepen werd onderweg getorpedeerd,' gaat
oom Eddie verder. 'Veel van onze maten haalden het vasteland
van Sumatra dus niet eens. Ze verdronken zonder dat iemand
pogingen kon doen ze te redden. Mijn broer Bud, zijn vriend
Theo en ik hadden geluk. Als je in die donkere oorlogstijd tenminste van geluk kon spreken.
We werden ondergebracht in barakken die gemaakt waren van
houten palen. De muren en het dak waren van atap... eh...
aaneengeregen bladeren van palmbomen. We sliepen op een-
voudige houten stellages.
Bud, Theo en ik vonden een plekje bij elkaar. Als het regende,
en het regende bijna elke dag, stond onze barak blank. De eerste zestig kilometer van die vervloekte spoorbaan liep door het

moeras. Dus we hadden water genoeg. Meer dan genoeg, we verzopen er bijna in.

Op 24 mei begon ons werk. We moesten bielzen leggen, rails trekken en spijkers inslaan. Als we niet hard genoeg werkten, sloegen de bewakers op ons in. Ze sloegen elke dag en sommigen hadden er zichtbaar plezier in.

Het werk was zwaar. De eerste weken kregen we elke dag 300 gram rijst, een beetje groente en af en toe zelfs een stukje vlees. Algauw werden de porties kleiner, maar het werk bleef even zwaar. Elke dag vielen er lege plekken in onze barak.

Van de kampleiding mochten we onze dierbare doden achter onze barak begraven. We moesten het stuk oerwoud zelf ontdoen van bomen en struiken. De Jappen staken geen poot uit.

Theo bleek de sterkste van ons drieën. Hij bleef grapjes maken en probeerde ons op te vrolijken. Hij organiseerde zelfs toneelavonden. Zelf trad hij ook op. Hij verkleedde zich als een bekende zangeres. Hij kon haar stem zo goed nadoen, dat je haar in levenden lijve voor je zag als je je ogen sloot. De naam van die zangeres ben ik vergeten.

Die toneelavonden van Theo werden door de kampleiding oogluikend toegestaan, want ze waren goed voor het moreel. De volgende dag schoot het werk harder op.

We werden zo mager als een bamboestok. Natuurlijk werd er gesproken over vluchten, maar waar moest je heen? De stakkers die het toch probeerden, werden zonder pardon neergeschoten en als afschrikwekkend voorbeeld tentoongesteld. Wij moesten er elke dag langslopen. Op het laatst met een hand voor onze neuzen en monden.

Bud werd van ons drieën het eerste ziek. Zijn buik zette uit door vitaminegebrek en hij kon niet meer op zijn benen blijven staan.

Op een dag kwam de commandant van het kamp persoonlijk onze barak inspecteren. Natuurlijk volgde zijn hond hem. Wij waren allemaal bang voor dat gemene beest, een soort bloedhond. De commandant schopte mijn broer van zijn brits af. "Luiaards en profiteurs kunnen we hier niet gebruiken!" schreeuwde hij en zijn hond zette zijn tanden in het bovenbeen van Bud. Heb je jouw opa wel eens in een zwembroek gezien, Geertjan?'

'Nee.'

'Jammer, want dan zou je het litteken van die beet ontdekt hebben. Volgens mij heeft Bud er zijn hele leven last van gehad.'

'Hij zat vaak met zijn hand over zijn bovenbeen te wrijven,' fluistert Geertjan.

Oom Eddie knikt. 'Gelukkig kreeg Theo het bij een bewaker voor elkaar dat Bud te werk gesteld werd bij het onderhoud van het aangelegde gedeelte van de spoorlijn. Dat was licht werk en je werd er minder geslagen.

De dagen slopen in een eentonig ritme voorbij. Zelfs Theo verloor zijn goede humeur. We werden zo zwak dat we alles deden om aan voedsel te komen. Theo dwaalde vaak door het oerwoud om eetbare planten en knollen te zoeken. Ik stelde hem eens voor om zijn kris bij een bewaker te ruilen voor rijst en vlees. Je moet weten, Geertjan, dat Theo zijn kris het kamp binnengesmokkeld had. Het bezit van een wapen was natuurlijk streng verboden en Theo riskeerde er een flinke aframmeling mee.

's Nachts pakte hij zijn kris en drukte hem tegen zijn borst. Ik heb altijd het gevoel gehad dat die dolk hem de moed gaf om door te gaan. Hij wilde niets van mijn voorstel weten. Ik durf je te bekennen, Geertjan, dat ik vaak op het punt gestaan heb de kris van hem te stelen. Toen kwam die vreselijke dag.'

10 Vlees

'Die dag begon gewoon,' gaat oom Eddie verder, 'we sjouwden, sjorden, timmerden en incasseerden slaag. Niets bijzonders, dus.

Maar ik zag aan Theo dat hij iets aan het uitbroeden was. Weer een toneel- of cabaretvoorstelling? Ik vroeg het aan Bud, maar die haalde alleen zijn schouders op. Praten deed hij allang niet meer.

Toen Bud en ik 's avonds meer dood dan levend op onze britsen lagen, kwam Theo naar ons toe. "Hebben jullie zin in een mals stukje vlees?" fluisterde hij.

Wij kwamen zo goed en zo kwaad als het ging overeind. Vlees? Dat leek ons een toverwoord uit een ver verleden. Wilde Theo een grapje maken?

"Echt vlees?" vroegen wij tegelijk.

Theo knikte. Hij glimlachte geheimzinnig.

Bij de gedachte aan een mals kippenboutje of een reepje doorregen varkensspek, liep het water ons in de mond, al waren we de smaak bijna vergeten.

"Kom mee," fluisterde Theo.

We slopen de barak uit, nagestaard door onze maten die geen

fut meer hadden vragen te stellen.

Theo leidde ons langs het kerkhofje het oerwoud in. We zorgden ervoor laag bij de grond te blijven om de zoeklichten die over het kamp zwaaiden, te ontwijken.

Bij een open plek bleef Theo staan. Triomfantelijk wees hij naar iets zwarts dat voor zijn voeten op de grond lag. Ik kon niet zien wat het voorstelde en toen mijn ogen aan het duister gewend waren, wilde ik het niet geloven. Achter me hoorde ik Bud zacht tussen zijn tanden fluiten. Op de open plek lag, met zijn tong uit zijn bek en met gestrekte poten, de bloedhond van de kampcommandant. Zijn kop was één grote, open wond. "Theo," stamelde ik.

"Vlees," zei Theo. "Twee vliegen in één klap: dit beest zal niemand meer bijten en wij kunnen straks onze tanden in zijn vlees zetten."

Hij vertelde dat hij in het oerwoud voedsel aan het zoeken was, toen de hond op hem af kwam stormen. Waarschijnlijk was hij uit het huis van de commandant ontsnapt. In doodsangst had Theo een stuk hout gepakt en de hond zo hard hij kon tegen de zijkant van zijn kop geslagen.

"Een homerun," zei hij zelf. Hij pakte zijn kris en begon het beest vakkundig te villen. In betere tijden hadden wij samen vaak in de bossen gejaagd. Het klaarmaken van een jachtbuit was hij nog niet verleerd.

Bud en ik kregen de opdracht hout te sprokkelen. Ik kan me niet herinneren dat we protesteerden of Theo op andere gedachten probeerden te brengen. Het onheil was toch al geschied.

Toen de bloedhond in hapklare brokken klaar lag, diepte Theo een doosje lucifers uit zijn zak op en maakte een klein vuurtje. We staken stukken hondenvlees aan een spies en roosterden die boven de roodgloeiende as. We aten tot we er misselijk van werden. De hond van de commandant had een gezond en sportief leven achter de rug. Dat proefden we.'

Geertjan rilt. 'Bah, hondenvlees!'

Oom Eddie kijkt hem doordringend aan. 'Ik heb nog nooit van mijn leven zo lekker gegeten,' zegt hij. 'Als ik mijn ogen sluit, kan ik de smaak nog oproepen. We dachten er zelfs geen moment aan dat we door de Jappen gesnapt zouden kunnen worden. Dat kwam pas later.

Toen we meer dan genoeg gegeten hadden, gooiden we zand over het vuurtje en begroeven we de resten van de hond. Meer dan de helft van het beest was nog over, maar binnen een paar uur zou dat gaan rotten. Bovendien moesten we de sporen van onze schranspartij goed uitwissen. Tevergeefs, zou al snel blijken.

De kampcommandant was woedend dat zijn hond verdwenen was. De volgende ochtend moesten we allemaal uren in de houding blijven staan op de appèlplaats, terwijl de zon ongenadig op onze naakte huid brandde.

Ondertussen kamden de bewakers de barakken en de omgeving van het kamp uit op zoek naar bewijzen. Ik was doodsbang,

maar ik durfde Bud en Theo niet aan te kijken. Links en rechts van me vielen mensen flauw. Ze werden door de soldaten hardhandig overeind gezet of net zo lang geranseld tot ze niet meer bewogen.

Langzaam kropen de uren voorbij. Toen klonken uit het oerwoud kreten van afschuw. De bewakers hadden het kadaver van de hond ontdekt.

Toen de zon het hoogste punt bereikt had, liet de kampcommandant de kist brengen waar hij altijd op ging staan als hij ons toe wilde spreken, want hij was maar een klein mannetje. Zijn woorden kwamen erop neer dat iedereen weer aan het werk moest gaan en dat de dader een uur de tijd zou krijgen om zichzelf aan te geven. Gebeurde dit niet, dan riep hij er de Kempetai bij. De agenten van de Kempetai zouden de dader van de laffe moord op zijn lievelingsdier zeker weten te vinden. Niemand twijfelde daaraan, behalve Theo. Hij zei dat hij er vast van overtuigd was dat hij de dans zou ontspringen.

Toch kwam de geheime politie al snel bij onze barak uit. Alle mannen die de vorige avond op hun britsen gelegen hadden, wisten dat we met z'n drieën naar buiten gegaan waren. Op zichzelf was dat niet verdacht. Maar in het licht van wat er gebeurd was...

Eerst namen ze Bud mee. Na een halfuur kwam hij terug, strompelend tussen twee agenten van de Kempetai. Hij liet een spoor van bloeddruppels achter. Ik kon hem nog net opvangen en op zijn brits leggen.

"Ze hebben niks uit me gekregen," zei hij toonloos in mijn oor,
"...ik ben niet zo'n prater."

Toen... toen moest ík mee. Het leek of alle leven uit mijn lijf
vloeide. Ik wist van de martelmethoden van de Kempetai en ik
zag hoe ze Bud toegetakeld hadden.

De agenten begonnen vriendelijk. Ik mocht gaan zitten en
kreeg zelfs een sigaret aangeboden. Mijn handen trilden zo dat
ik de sigaret pas na drie pogingen aan kon steken. Mijn longen
waren niet meer gewend aan nicotine, dus mijn eerste trekje
veroorzaakte een hoestbui. De Jappen zagen er de humor van
in. Ze lachten en klopten me behulpzaam op mijn rug.

Via een tolk vertelden ze me dat ik niets te vrezen had als ik
tenminste de informatie gaf die ze nodig hadden. Eigenlijk wisten ze alles al, maar ze wilden er zeker van zijn dat ze het bij
het rechte eind hadden.

Het zou natuurlijk verschrikkelijk zijn als ze iemand vals gingen beschuldigen van die onvergeeflijke misdaad. Ik kon ze
dus de naam van de dader geven zonder dat ik het gevoel kreeg
iemand te verraden.

Zo susten ze mijn geweten, Geertjan. Ik had door welk spelletje ze met me speelden en ik antwoordde dat ik nergens van
wist.

De sfeer werd grimmiger. Ze trokken de sigaret uit mijn mond
en drukten hem uit in de palm van mijn hand. Ik kan de pijn
nú nog voelen, Geertjan.

Ze begonnen te schreeuwen.

"Ze willen een naam," vertaalde de tolk overbodig.

Ik zweeg.

Ze bonden me vast op de stoel en blinddoekten me. Een van de agenten ging achter me staan en duwde mijn schouders naar beneden. Ik kon me niet meer verroeren.

"Naam!" schreeuwden ze weer.

Ik schudde mijn hoofd.

"Naam!"

Mijn hand werd hardhandig beetgepakt en op het tafelblad geduwd. Mijn vingers werden gespreid. Iemand begon met een mes tussen mijn vingers door te tikken. Dat spelletje heb ik Japanse soldaten dikwijls zien doen. Steeds sneller ging het, maar het mes verwondde mijn vingers niet.

"Naam!"

Toen voelde ik een scherpe pijn. Ze staken tandenstokers van bamboe onder de nagels van mijn vingers. Steeds dieper gingen ze. Verschrikkelijk was het. Ik... ik heb de naam van Theo uitgeschreeuwd.'

Oom Eddie zwijgt. Ook Geertjan, meneer Van Voorn en de serveerster zijn stil.

Er komen nieuwe klanten het restaurant binnen. Ze praten luidruchtig met elkaar.

'Vier koffie!' roept iemand.

De serveerster hoort hem niet.

'Hallo meisje, is er iemand thuis?'

'Wat... wat mag het zijn?'
'Ben je met je gedachten bij je vriendje?' vraagt de man lachend, 'vier koffie, alsjeblieft.'
'Ik zal ervoor zorgen, meneer.'
In het voorbijgaan legt ze zacht een hand op de schouder van oom Eddie.

11 Vergeving

'De rest van mijn verhaal kan iedereen die het kamp overleefd heeft, vertellen,' zegt oom Eddie. 'Meteen na mijn bekentenis kwamen twee soldaten Theo halen. Hij vertrok met opgeheven hoofd uit de barak. Eén keer heeft hij me nog aangekeken. Die blik komt elke nacht in mijn dromen terug. Het is alsof hij met zijn ogen vraagt: Waarom?

Het antwoord is simpel: ik ben geen held. Ik kon niet tegen de pijn.

Sindsdien heeft Bud me nooit meer een blik waardig gekeurd. Als ik 's nachts wakker werd van de spookbeelden die me achtervolgden, zag ik hem op de rand van zijn brits zitten. Hij had zijn ogen gesloten en hield de kris van Theo tegen zijn borst gedrukt. Zijn lippen bewogen, maar ik kon niet verstaan wat hij zei. Geertjan, ik...'

Oom Eddie klemt zijn lippen op elkaar.

'Zal ík verder vertellen?' vraagt meneer Van Voorn.

Oom Eddie knikt.

'De volgende dag moesten we op de appèlplaats verzamelen en in het gelid gaan staan. De commandant klom in vol ornaat op zijn kistje.

"In dit kamp moeten orde en tucht heersen," schreeuwde hij, "dus ga ik een voorbeeld stellen!"

Theo werd tot voor het kistje gesleept. Hij was halfnaakt en zijn handen waren op zijn rug gebonden. De bewakers dwongen hem te knielen.

"Jij hebt mijn hond vermoord en dus zul je sterven als een hond!" schreeuwde de commandant. Hij stapte van zijn kistje af en trok zijn lange samoeraizwaard uit de schede. Een bewaker blinddoekte Theo. Hij moest zijn hoofd buigen.

De executie voltrok zich in doodse stilte. Alleen de vogels in het oerwoud kwetterden en floten. Hun vrolijke geluiden begeleidden Theo in zijn laatste moment.'

Geertjan neemt de kris uit de schede en drukt hem tegen zijn borst.

'Dit was dus jouw verhaal, opa Bud,' fluistert hij. Een vreemd geluksgevoel vult zijn lijf. Nu kent hij zijn opa beter dan wie ook.

'Je moet de kris nu even aan eh... Eddie geven,' zegt meneer Van Voorn.

Geertjan knikt.

Oom Eddie twijfelt. 'Ik kan niet tegen pijn,' fluistert hij.

'Pak hem aan!' gebiedt meneer Van Voorn.

Oom Eddie zucht. Zijn handen sluiten zich om het lemmet. Geertjan verwacht dat hij hem meteen weer van zich af zal gooien, maar dat gebeurt niet. Voorzichtig drukt oom Eddie de kris tegen zijn borst. Met gesloten ogen blijft hij zitten.

Langzaam verandert de droevige uitdrukking op zijn gezicht en
verschijnt er een smal glimlachje.

'Theo heeft me vergeven,' fluistert hij, 'zijn kris zegt het me. Ik
voel een warmte die ik sinds die dag nooit meer gevoeld heb.'

'Doordat u uw verhaal verteld hebt, is er een last van u afge-
vallen,' zegt meneer Van Voorn.

Oom Eddie legt de kris op tafel terug. De serveerster komt met
een nieuwe zak ijs aanlopen.

Oom Eddie schudt zijn hoofd. 'U heeft me al genoeg verwend.'
Hij tilt zijn enkel van de stoel. De serveerster helpt hem daarbij. Met een theedoek droogt ze zijn enkel af. Als oom Eddie
zijn sok en zijn schoen aangetrokken heeft, probeert hij te
gaan staan. Het lukt. Hij maakt een paar stramme passen rond
de tafel.

90

'Doet het nog pijn?' vraagt Geertjan.

Oom Eddie knikt. 'Een beetje, maar daar kan ik wel tegen.'

Geertjan kijkt op zijn horloge. Het is bijna halftwee, hij moet opschieten, anders is hij te laat thuis.

Meneer Van Voorn ziet zijn paniek.

'Het is de hoogste tijd voor de spijbelaar,' zegt hij met een knipoogje.

Oom Eddie heeft hem niet gehoord. Hij staart naar de kris.

'U mag hem hebben,' zegt Geertjan.

'Mijn broer heeft nooit gewild dat ik hem in mijn bezit zou hebben,' zegt oom Eddie. 'Hij heeft me mijn verraad nooit vergeven.'

'Ik vind dat u er meer recht op hebt dan ik.'

'Dank je, Geertjan, maar ik kan hem niet van je aanpakken. Ik vertrouw mezelf niet.'

'Wat bedoelt u?'

'Heeft je moeder dat nog niet aan je verteld? Ik speel graag een spelletje aan de roulettetafel. Jouw vader ook, trouwens.'

Geertjan knikt. Pas nu dringt het tot hem door dat hij eigenlijk verschrikkelijk kwaad moet zijn op oom Eddie. Maar het lukt niet.

'Als jullie niet kunnen besluiten wie recht heeft op de kris, heb ik een oplossing,' zegt meneer Van Voorn.

Vragend kijken ze de oud-strijder aan.

'Museum Bronbeek heeft de grootste collectie krissen van Nederland,' zegt hij. 'Deze kris kan er een plaatsje krijgen. Hij zal zich hier op zijn gemak voelen. En jullie kunnen hem komen bezoeken wanneer jullie willen. Elk jaar is hier een krissendag in de maand oktober.'

Geertjan en oom Eddie knikken naar elkaar.

'Goed idee,' zegt Geertjan. 'Ik hoop niet dat hij zo gaat gloeien dat de brandweer gewaarschuwd moet worden.'

Meneer Van Voorn schudt zijn hoofd. 'De kris is nu tot rust gekomen, want Theo heeft Eddie vergeven. Zolang de kris zich niet beledigd of aangevallen voelt, zal er niets gebeuren.'

'Weet u het zeker?'

'Nee, maar ik vertrouw op mijn kennis van krissen.'

'Hij laat niet met zich spotten,' fluistert Geertjan.

'Ik zal ervoor zorgen dat er een kaartje bij komt te liggen met jullie namen. "In bruikleen afgestaan door"...'

'Het is al goed, meneer Van Voorn,' lacht oom Eddie, 'maar nu moeten we de trein halen.'

'De trein?' Geertjan schrikt.

'Het is een heel eind lopen naar Tilburg, hoor.'

'Maar... maar de politie zal op het station naar me zoeken.'

'Ze hebben het signalement van een jongen die een rugzak draagt met een gevaarlijke kris erin. Die jongen reist alleen. Jij bent straks zonder rugzak en zonder kris een dagje uit met je opa. Je rugzak laat je hier. Meneer Van Voorn wil hem vast wel terugsturen. En als hij het vergeet, zal de aardige serveerster het zeker willen doen.'

'Natuurlijk.'

Ze nemen afscheid van de serveerster. Het meisje en Geertjan krijgen een kleur als oom Eddie een kus op haar wang drukt. Geertjan geeft haar een hand. Gelukkig hoeft hij niet te zoenen.

Ze lopen langs de monsterkanonnen en langs de vitrinekast met krissen. Oom Eddie trekt nog wat met zijn been.

'Het gaat goed,' zegt hij geruststellend.

Bij het stuk rails van de Pakan-Baroe spoorweg blijven ze staan: *In Memoriam*
De Sumatra-Spoorweg
24 mei 1944 - 15 aug. 1945
krijgsgevangenen

Oom Eddie slaat zijn arm om Geertjan heen. 'Vergeven, maar niet vergeten,' fluistert hij. ∎

93

12 Thuis

Om 14.21u stappen Geertjan en oom Eddie in de trolleybus. Ze zeggen niets tegen elkaar, er is vandaag genoeg gepraat.

Ik ben te laat thuis, denkt Geertjan. Moet ik zeggen dat ik bij een vriendje ben blijven spelen? Computeren bij William, bijvoorbeeld? Erg overtuigend zal dat nooit klinken. Misschien is het beter dat ik gewoon de waarheid vertel. Gewoon?

De bus stopt.

'We moeten eruit,' zegt oom Eddie.

Geertjan knikt en loopt achter hem aan.

In de stationshal lezen ze dat de trein om 14.51u vertrekt vanaf spoor 4a/b.

'Die halen we met gemak,' zegt oom Eddie.

Ze lopen door de stationshal naar de sporen.

'Toegangscontrole,' zegt oom Eddie. Hij wijst. Bij het bordje "Naar de treinen" staan twee spoorwegbeambten.

Geertjan slikt. 'Wat bedoelt u?'

'Ze willen je treinkaartje zien voordat je het perron op stapt. Geef jouw kaartje maar aan mij. Per slot van rekening ben je met je opa op reis.'

'Ik ben bang,' fluistert Geertjan met een bibber in zijn stem.

'Daar weet ik alles van,' zegt oom Eddie. 'Laat mij het woord maar doen.'

'Goedemiddag meneer, uw vervoersbewijs alstublieft.'

Oom Eddie laat de kaartjes zien. 'Deze is van mij en deze is van mijn kleinzoon. Is er iets gebeurd, agent?'

Lachend schudt de spoorwegbeambte zijn hoofd. 'Routine, meneer, prettige dag verder.' Hij tikt tegen zijn pet – Geertjan moet aan meneer Van Voorn denken – en glimlacht vriendelijk.

Als ze op het perron staan, zucht Geertjan een paar keer diep. 'Ik dacht dat ik flauw zou vallen.'

Oom Eddie drukt hem tegen zich aan. 'Het is nu voorbij.'

'De conducteur in de trein nog.'

'Die zal niet dezelfde zijn als vanmorgen.'

Oom Eddie heeft gelijk. Zonder hen een blik waardig te keuren, plaatst de conducteur een stempel op hun kaartjes.

Yes! denkt Geertjan. Hij durft nu weer gewoon met oom Eddie te praten.

'Hoe wist u dat ik vandaag naar Arnhem zou gaan?' vraagt hij.

'Dat wist ik niet. Ik kwam met de trein uit Breda en ik zag jou op het perron staan. Zonder te aarzelen ben ik jou gevolgd. In de trein durfde ik je niet te benaderen, dat zou argwaan wekken bij de andere passagiers. Pas toen de conducteur moeilijk ging doen over de kris, moest ik me er wel mee bemoeien.'

'Was u naar het casino geweest?'

'Tot diep in de nacht, ja. Veel verloren.'

'Komt u ooit van het gokken af?'

Oom Eddie staart uit het raam. 'Ik heb al verschillende pogingen ondernomen. Jouw vader ook. Misschien lukt het me deze keer. Ik heb het gevoel dat er een last van mijn schouders gevallen is.'

'En papa?'

'Ik heb jouw vader meegesleept naar het casino, dus is het ook mijn taak hem van het gokken af te helpen. Maar het zal niet meevallen, Geertjan. Ik beloof je wel dat ik mijn uiterste best zal doen, al is de belofte van een verslaafde niet veel waard, vermoed ik.'

Oom Eddie pakt zijn agenda, scheurt er een blaadje uit en begint te schrijven. 'Hier, mijn telefoonnummer. Ik zou het fijn vinden, als je me af en toe eens belt om me aan mijn belofte te herinneren.'

Op het station van Tilburg nemen ze afscheid van elkaar. Geertjan steekt zijn hand uit, maar oom Eddie bukt zich en drukt een kus op zijn voorhoofd. Blozend rent Geertjan naar de fietsenstalling. Als hij op zijn fiets springt, ziet hij oom Eddie bij de taxistandplaats staan. Hij zwaait. Oom Eddie zwaait terug. 'Bellen!' roept hij.

Glimlachend laat Geertjan zijn fietsbel rinkelen.

Geertjan zet zijn fiets in de schuur en stapt de keuken binnen.
Zijn moeder is aan het telefoneren. 'Oh, hij komt gelukkig net
binnen,' hoort hij haar zeggen.
'Hallo mama, ik...,' begint Geertjan.
Zijn moeder draait zich om. 'Waar ben jij de hele dag geweest?
Rond halfeen belde de overblijfmoeder op met de vraag waarom
jij niet kwam eten. Ik heb de hele middag in angst gezeten.'
'Maar... maar ik heb tegen de conciërge gezegd dat ik ziek was.'
'Wát?'
Geertjan houdt zijn adem in. 'Ik bedoel... we moeten praten,
mama.'

'Ik ben het helemaal met je eens,' zegt moeder. Ze loopt naar de huiskamer en gaat op de bank zitten. Geertjan pakt de stoel tegenover haar. Meteen staat moeder weer op. 'Wil je er thee bij?'

'Liever cola.'

Geertjan heeft drie glazen cola nodig om zijn verhaal te vertellen, maar hij zegt geen woord over de bijzondere gave van de kris. Die houdt hij voor zichzelf. Zijn moeder valt hem geen enkele keer in de rede. Haar gezichtsuitdrukking zegt genoeg. Als Geertjan klaar is, blijft moeder minutenlang voor zich uit staren. Eindelijk vraagt ze: 'Kom eens dicht tegen me aan zitten?'

Geertjan doet het.

'Zullen we morgen een bloemetje gaan leggen op het graf van opa Bud?' vraagt ze.

Geertjan knikt.

'Dan gaan we ook langs oma.'

'Ja.'

'En ik bel morgen jouw school even.'

Verschrikt kijkt Geertjan haar aan. 'Waarom?'

'Ik moet tegen de conciërge zeggen dat hij voortaan jouw ziekmelding doorgeeft aan de overblijfmoeder. Anders wordt spijbelen wel erg lastig.'

Denkzolder

In het boek vertelde Eddie ove[r]
de ondervraging in het kamp:
'Ik ben geen held. Ik kon niet tegen pijn[.]'

Gevoelenskamer

'Maar hoe hij ook zijn best deed, de tranen
wilden niet komen.'
'En hij zit erbij of het hem niets kan schelen dat
opa Bud aan een hartaanval overleden is.'
'Geertjan drukt zijn hand tegen zijn mond om de lachkriebels tegen te houden.'

Wat vind jij van Geertjan op de begrafenis van zijn opa?

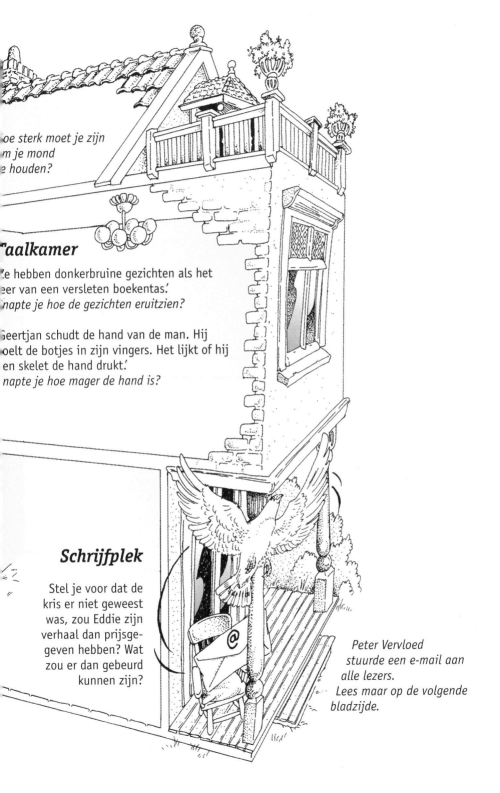

oe sterk moet je zijn
m je mond
e houden?

'aalkamer

'e hebben donkerbruine gezichten als het
eer van een versleten boekentas.'
napte je hoe de gezichten eruitzien?

ieertjan schudt de hand van de man. Hij
oelt de botjes in zijn vingers. Het lijkt of hij
en skelet de hand drukt.'
napte je hoe mager de hand is?

Schrijfplek

Stel je voor dat de
kris er niet geweest
was, zou Eddie zijn
verhaal dan prijsge-
geven hebben? Wat
zou er dan gebeurd
kunnen zijn?

Peter Vervloed
stuurde een e-mail aan
alle lezers.
Lees maar op de volgende
bladzijde.

Van: pvervloed@planet.nl
(of mail via: villa@maretak.nl)
Website: www.petervervloed.nl
Aan: <alle lezers van 'Gloeiende geheimen'>

Mijn vrouw heeft een groot deel van haar jeugd in Indonesië doorgebracht. Toen ze 14 jaar oud was, vertrok zij met haar ouders, broers en zusters naar Nederland. Ze moesten vluchten voor een burgeroorlog die daar in alle wreedheid woedde.
Jaren later kwam het gezin bij mij in de straat wonen en ik werd verliefd op dat Indonesische meisje. Ik kwam in een voor mij vreemde cultuur terecht, maar ik voelde me er al snel thuis. De moeder van mijn meisje kon heerlijk koken en haar vader kon prachtige verhalen vertellen over zijn kris. Mijn vrouw zegt nu nog wel eens plagerig: 'Als je mij niet had leren kennen, was je nooit schrijver geworden.'
Ik moet schoorvoetend toegeven dat ze gelijk heeft, want in veel van mijn boeken speelt haar geboorteland een grote rol.
Een paar jaar geleden kwam een oom van mijn vrouw bij ons op bezoek. Na de rijsttafel begon oom Leo te vertellen over de tijd die hij tijdens de Tweede Wereldoorlog in het Jappenkamp doorgebracht had. Hij moest werken aan de Pakan Baroe spoorweg op het eiland Sumatra. Het waren verhalen over ellende en ontberingen, maar ook over kameraadschap en de wil om te overleven.
Oom Leo vertelde zijn verhalen zonder veel emotie te tonen. Af en toe verscheen een glimlachje op zijn gezicht, vooral toen hij beschreef hoe heerlijk de hond van de kampcommandant smaakte.

Peter Vervloed

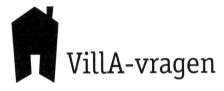

VillA-vragen

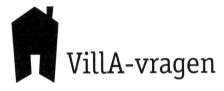 *Vragen na hoofdstuk 3, bladzijde 34*
1 Eddie wil de kris graag hebben. Waarom zou hij dat zo graag willen?
2 De kris gaat soms gloeien. Hoe zou dat kunnen?
3 Geertjan vindt: 'Hoe meer je aan volwassenen vertelt, des te minder je mag.'
Is dat zo?

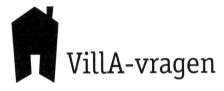 *Vragen na hoofdstuk 6, bladzijde 59*
1 Geertjan spijbelt van school. Leert hij zo wel genoeg?
2 Hoe komt het dat Eddie ook in de trein zit?
3 Zal Geertjan in Bronbeek Theo vinden?

 Vragen na hoofdstuk 11, bladzijde 93
1 Vind je dat Eddie de oorzaak is van de dood van Theo? Waarom heeft hij zijn naam niet geheimgehouden?
2 Het kamp is verschrikkelijk. Toch denken Eddie en meneer Van Voorn er vaak aan terug. Is dit raar?
3 De titel van het boek is 'Gloeiende geheimen'. Zijn er geheimen in het boek? Zijn er gloeiende geheimen?

VillA Alfabet